― 複数の障害種に対応する ―

インクルーシブ教育時代の教員の専門性

高橋　眞琴　著

Toward
Inclusive
Community

はじめに

　特別支援教育に携わる教員にとって、現在話題になっているのが、2014年に批准した国連障害者の権利に関する条約と2016年4月に、本格実施になった障害者差別解消法であろう。現在、障害者差別解消法に伴う学習会や教員研修会が教育委員会や学校現場で行われている。
　これらの動向は、1980年代から既に、国際的に、スローガンとして打ち出されてきた'Nothing about Us, Without Us'（私たち抜きで、私たちのことを決めてはならない）という理念が背景にあることを忘れてはいけない。この理念は、一人ひとりの人格を大切にするという人権尊重に基づくものなのである。
　大学の担当授業で、障害者自立生活運動の先駆者であるエド・ロバーツ（Ed.Roberts）について、受講生がグループで調査する機会があった。エド・ロバーツは、カリフォルニア大学バークレー校で、学生サポートセンターを設立した。彼自身もポリオ感染による後遺症で、車椅子による移動で、呼吸器を装着しての生活を送っていた。学生寮にも入寮できなかったため、大学内の保健センターの一室を利用することで、生活していた。バークレー校を卒業する際に、地域に生活しやすい場所がなかったことに伴い、1970年代初頭から、米国カリフォルニア州の重度の障害がある学生たちが中心になって、自立生活運動を活発に展開していった。この内容は、まさに、現在、日本で喫緊の課題と言われている高等教育における障害学生支援と大学での合理的配慮の原点ではないだろうか。
　2011年に改正となった障害者基本法においては、障害者が受ける制限は機能障害のみに起因するものではなく、社会における様々な障壁と相対することによって生ずるとするいわゆる「社会モデル」の考え方を踏まえ、障害者の定義を見直し「障害がある者であって、障害及び社会的障壁によ

り継続的に日常生活又は社会生活に相当な制限を受ける状態にあるもの」（2条1号）とされている。この中で述べられている「社会的障壁」とは、前述の「社会モデル」の考え方を踏まえ、障害者が日常生活又は社会生活において受ける制限をもたらす原因となる社会的な障壁（事物、制度、慣行、観念その他一切のもの）と規定されている（2条2号）。

　本書は、インクルーシブ教育システム時代に必要とされる教員の専門性について、従来の研究の蓄積のもとに、新たな展望を行っていくことをめざしている。特別支援教育の近接領域を含む学際的な内容を取り扱うことで、理論的な内容と実践現場における課題を有機的に関連付けながら整理できることを意図している。

　それゆえに、複数の障害種に対応するというテーマでありつつ、「この障害種には、このような専門性が必要である」という当為論には、与していない。一人ひとりが異なる存在であり、立場や所属、地域もそれぞれ異なるため、求められる専門性も異なるはずだからである。

　インクルーシブ（inclusive）ということばは、「包含」を意味している。多様な子どもたちが温かく包みこまれ、自分の居場所をもつことで生き生きと学校や地域で生活できるように、教員、実践者、保護者、地域住民、研究者が協働できる社会をめざしていく必要がある。本書によって、それぞれの研究や実践上の課題が明らかになればと考えている。

　なお、「障害」の表記については、様々な議論があるが、本稿においては、出典や引用頻度に基づき「障害」という表現をとっている。ただし、法律名や調査名などの固有名詞については、出典に沿った形で「障がい」の表現を用いている。

2016年4月

　　　　　　　　　　　　　　　　　　　　　　　　　　高橋　眞琴

―複数の障害種に対応する―
『インクルーシブ教育時代の教員の専門性』

■ 目　次

はじめに

第1章　インクルーシブな社会に向けた障害の概念の変遷 ── 9

1. 完全参加と平等へ ……………………………………………… 10
2. 人権の尊重と権利 ……………………………………………… 13
3. 障害の概念の変化について …………………………………… 16
4. 障害者の権利に関する条約 …………………………………… 21
5. 障害者の権利に関する条約と国内の動向 …………………… 22

第2章　障害児教育〜特別支援教育〜インクルーシブ教育システム ─29

1. 近代の障害児教育の創始 ……………………………………… 30
2. 養護学校義務制まで …………………………………………… 34
3. 特別な教育的ニーズにかかる教育－英国の場合を例に－ ……… 37
4. サラマンカ声明のインパクト ………………………………… 40
5. 特殊教育から特別支援教育へ ………………………………… 41
6. 一人一人の教育的ニーズに基づく「個別の教育支援計画」
「個別の指導計画」と Person Centered Planning ………… 47
7. 障害者の権利に関する条約と合理的配慮 …………………… 49
8. 特別支援教育からインクルーシブ教育システムへ ………… 55
9. 日本の特別支援教育研究及び実践への示唆 ………………… 65

| 第3章 | 特別支援学校の在籍者増と複数の障害種に対応する特別支援学校の教員の専門性 ―― 71 |

1. 特別支援学校の在籍者の傾向 …………………………… 72
2. 特別支援学校施設整備指針 ……………………………… 73
3. チームとしての学校 ……………………………………… 74
4. 地方公共団体における複数の障害種に対応する特別支援学校 ……… 75
5. 複数の障害種に対応する特別支援学校の教員の専門性に
   関連する研究 …………………………………………… 76
6. 英国における複数の障害種に対応する教育システム
   ―特別支援学校から通常学校へ― ……………………… 79

| 第4章 | 知肢併置特別支援学校に対応する教員の専門性
〜勤務する教員の課題意識をもとに〜 ―― 91 |

1. 教員へのアンケート調査の実施 ………………………… 92
2. 教員へのアンケート調査にみる知肢併置特別支援学校の専門性 …… 93
3. アンケート調査からみた知肢併置特別支援学校で望まれる資質 … 125

| 第5章 | 医療的ケアと本人・保護者への基礎的環境整備をめぐって
〜本人・家族・教員・看護師の語りを手がかりに〜 ―― 131 |

1. 特別支援学校で医療的ケアを必要とする児童生徒 …………… 133
2. 小・中学校で医療的ケアを必要とする児童生徒 ……………… 137
3. 医療的ケアと本人・保護者への基礎的環境整備をめぐって
   ―本人・家族・教員の語りを手がかりに― ………………… 141
4. 医療的ケアにおける基礎的環境整備に向けて ……………… 145

| 第6章 | 複数の障害種に対応する特別支援学校での視覚障害教育・聴覚障害教育における専門性 ———— 151 |

1. 特別支援学校学習指導要領にみる視覚障害教育における専門性 … 152
2. 視覚障害者の感覚認知について …………………………………… 153
3. 視覚障害のある児童・生徒のキャリア形成について …………… 155
4. 聴覚障害教育に求められる教員の専門性〜保護者の語りより〜 … 156

| 第7章 | 神経科学的知見からみたインクルーシブな関わり ———— 165 |

1. 医学分野における知的障害の定義 ………………………………… 166
2. 障害と生態学的システム …………………………………………… 168
3. 脳の発達と可塑性 …………………………………………………… 169
4. 臨界期について ……………………………………………………… 170
5. ストレスと仲間（peer）の存在 …………………………………… 171
6. 肯定的な関わりの重要性 …………………………………………… 172

| 第8章 | 学校・家庭・地域との連携 ———————————————— 177 |

1. 学校・家庭・地域住民等の相互の連携協力 ……………………… 178
2. 学社連携、学社融合の潮流 ………………………………………… 179
3. 学校教育での「生きる力」観の変容と求められる学校の
   役割のパラダイムシフト ………………………………………… 181
4. 社会的な課題と地域 ………………………………………………… 184
5. インクルーシブな地域づくりをめざす実践 ……………………… 185
6. 地域住民が主体的に取り組める活動の重要性 …………………… 188

| 第9章 | 調査研究
「障がいのある人との関わりと社会問題に対する態度の因果関係」——191 |

1．「障がいのある人との関わりと社会問題に対する態度」………… 192
2．障がいのある人と教育に関する自由記述 ………………………… 200

| 第10章 | インクルーシブ教育時代の障害理解教育 ——————— 211 |

1．従来の障害を理解するプログラム ………………………………… 212
2．障害啓発研修と障害平等研修 ……………………………………… 215
3．交流教育及び共同学習 ……………………………………………… 216
4．障害のある人に出会った際の学生の反応 ………………………… 222
5．障害理解体験から障害協働体験へ ………………………………… 229

おわりに

第1章

インクルーシブな社会に向けた障害の概念の変遷

近年、日本の教育においても使われるようになった「インクルーシブ」ということばは、決して、急に、政策として打ち出されてきたものではない。教育に関わる新たな政策が打ち出されてきた際に私たちは、その背景について、捉え直す必要があるだろう。

　本章においては、まず養護学校義務制が実施された1970年代から現代に至るまでのインクルーシブな社会に向けた障害の概念の変遷の描出を試みる。そして2014年に批准となった「障害者の権利に関する条約」に関連する動向について把握する。

１．完全参加と平等へ

　第二次世界大戦敗戦直後においては、社会的・経済的混乱、貧困、戦災孤児・浮浪児、傷痍軍人が世の中に溢れており、貧困の中で障害に関わる問題は山積しており、障害は、身近な問題であった半面、障害者の多くは合法的に社会から隔離された状態にあった。

　戦後から1970年代にかけて、通常より生活において費用負担を要する障害者の多くは、在宅を余儀なくされる場合や、大規模施設への入所が散見された。1970年代には、これらの「隔離」に反対して、障害のある人々が社会全体を告発する運動を繰り広げている。重度心身障害者施設における処遇問題や車椅子のバス乗車の不便性、療育に耐えかねた保護者による事件などが社会問題化した。

　教育の面では、1979年に養護学校義務制が施行された。すべての子どもが教育権や発達を保証されるといった考え方は、長年、「就学猶予・免除」という形で教育の場から排除されてきた子どもたちにとっては、朗報であった一面、「障害があってもすべての子どもたちが同じように学習する場が当たり前の社会である」ということから普通学校への就学を希望する子どもたちも多く存在していたことも事実である。「同年代の子どもた

ちと同じ学校に行きたい」という願いから生まれた通常学校への就学に関する全国的な運動も行われた。

　一方、米国では、1970年代から障害者の権利運動が盛んとなった。1973年のリハビリテーション法は、公民権の理念を反映している。その後、メインストリーミングや自立生活という理念が生まれている。1975年には、障害児教育法が可決され、「障害のある子どもが『最も制限の少ない環境』で障害のない子どもと生活を共にすべき」であることが示された。このような米国における動向と日本国内の社会的排除に抗する障害者運動から、障害のある人々の権利について考える取り組みが行われるようになった。

　1981年は、国際障害者年であったが、テーマを「完全参加と平等」と定め、「障害のある人の社会への適合の援助」「適切な援護、訓練、治療、指導、雇用の機会と国際的な努力の促進」「公共建築物及び交通機関のアクセスに関する調査研究」「障害のある人の社会参加の権利に関する理解と啓発」「障害の発生予防及びリハビリテーションのための効果的施策の展開」が主な目的とされた。これらの目的においては、リハビリテーション的な視点が多く含まれており、日本においても「国際障害者年プレ国民会議」が開催され、以下のような内容のアピールがなされている（日本肢体不自由児協会、1981、pp.12-13）。

　「ながい間、障害者であるために、差別と偏見に苦しめられてきた多くの国の障害者にとって、国際障害者年の決議は心からのよろこびをもって迎えられました。
　このたび、わたしたちは『国際障害者年推進プレ国民会議』をひらき、国連決議と勧告にもとづいて、どうしたら一人ひとりの障害者の生活が保障され、医療、教育、そして仕事が確保されるのか、どうしたら障害者が安心して暮らせるまちをつくることができるのかを、障害者

の人間としての尊厳が守られる社会をつくることをめざして議論をつくしました。
　私たちは、はっきりということができます。
　わが国の政治のなかには、障害者が人として生きるための切実な声があまりにも反映されていません。とりわけ重度の障害者に対する対策は大きく立ちおくれ、精神障害者、難病など多くの障害者が施策のそとにおかれ、なおざりにされてきました。まず、これを改める必要があります。そして、このことは全世界の4億5千万人と推定される障害者にとっても共通の課題であると認識するものです。…」

　このアピール文からは、障害のある人に対するこれまでの社会が「差別と偏見」に満ち、「人間としての尊厳」が守られていない社会であったことが窺える。
　1983年には、米国の自立生活センターのリーダーを招聘して「障害者自立生活セミナー」が開催された。
　同時期には、国際協力事業団での取り組みの一環として、「障害者リーダーコース」をはじめとする障害当事者を対象とした集団研修が実施されるようになった。「障害者リーダーコース」は、障害者のエンパワメントを目的として、開発途上国の障害当事者を招聘し、帰国後に障害者リーダーとして活躍することを期して行う研修事業であった。研修講師のほとんどが日本の障害当事者であった[1]。
　1980年代から1990年代にかけて、国内でも重度の障害のある人が中心に利用する「自立生活センター」の立ち上げが多くなされた。自立生活センターは、次の条件を満たしたものと定義されている（樋口、2001、pp.17-18）。
「1．所長（運営責任者）と事務局長（実施責任者）は障害者であること。
　2．運営委員の過半数は障害者であること。

3. 権利擁護と情報提供を基本とし、介助派遣サービス、住宅相談、ピア・カウンセリング（ピアとは仲間の意味）、自立生活プログラム（ILD）の中から2つ以上のサービスを不特定多数に提供していること。
4. 障害種別を超えたサービスの提供。
5. 会費が納入できること。」

これらの条件からみても、1980年代から1990年代にかけては、障害のある人々本人による「人権の尊重」「当事者性」「権利擁護」という概念が萌芽してきているといえる。

2．人権の尊重と権利

「人権の尊重」を前面に押し出してきたのが国際連合を中心とした諸国間の協議である。

東西冷戦終了後の1993年には、「世界人権会議」で「ウィーン宣言」がなされた。第63項では、「全ての人権と基本的自由が普遍的であることを再確認し、それが必然的に障害のある人の権利と自由を含む。万人は生まれながらにして平等であり、生活、福祉、教育、仕事に関して、そして差別されることなく独立して生活し、社会に全面的に参加できることに関して同じ権利を持つ。障害者に対するあらゆる直接的差別や差別的扱いは当事者の権利の侵害である。」ことが明記された。

第64項では、「物理的、経済的、社会的、心理的なものを含め、あらゆる社会の障害を撤廃することによって、障害のある人が公平な機会を与えられるべきである。」と述べられており、ここでも障害のある人の人権思想について述べられているが、「福祉」の概念も救済的なものから「人権の尊重と権利擁護」に変化していったという見方もされている（曽和、2008）。障害のある人の権利擁護を考える際には、誰がその生き方や権利

を決めていくかが問題であり（曽和、2008）、そのような意思決定能力が欠如しているという理由で専門家、施設職員、親、教師が権利を主張する場を奪ってきたともされる（津田、2003）。

「ウィーン宣言」と同年である1993年には、「障害者の機会均等に関する標準規則」が国際連合で採択された。この規則は、障害のある人の人権に関するガイドラインである。日本の当時の現状とこの「障害者の機会均等に関する標準規則」の規則4「支援サービス」に関して、「政府は重度かつ、もしくは重複障害を持つ人を対象とした介助計画と通訳サービスの開発と提供を支援すべきである」という意見も提示された（中西、1996、pp.16-17）。

1997年には、「国際規範と障害者の人権」に関する国連専門家会議が開催された。会議では、人権に関する専門家によって、国際的なルールを用いた障害のある人の人権の保障について、議論が行われた。1999年には、国連の協力により大規模な地域間フォーラムが開催され、障害のある人や各国の政府要人が集まり、「国際人権法と障害」「障害とIT」「アクセシビリティ」「障害の文化」や「障害の定義」について議論がなされ、障害のある人の人権の確立に向けて、各国間のネットワークの形成につながった。

諸外国においては、1990年に米国において、連邦法である「1990年障害を有するアメリカ人法（Americans with Disabilities Act of 1990、以下ADAと略記）」や1995年の英国における「障害者差別禁止法（Disability Discrimination Act、以下DDAと略記）」、2007年の韓国における「障害者差別禁止及び権利救済等に関する法律」が制定された。

例えば、米国のADAでは、「障害者の就労環境の改善の面では一定の成果があるが、課題としてADAの注文だけでは雇用主がどれだけの負担を負わなければならないか判断できないため、雇用主と障害者双方による話し合いが不可欠で、政府がこのような話し合いをどのように支援し

ていくかが課題である」といった意見（所、2010、p.69）や「ADA にお
いては、障害者は本質的な職務遂行の能力を持つかぎり就労の機会を障
害のない労働者と同様に有することが保障されており、受け入れに物理
的、社会的障壁があるならば、その障壁を可能な限り取り除く義務を事
業主は負う。障害管理や職場復帰が効果的に機能するためには、企業に
おいて表面的・形式的に ADA 法等の遵守を行うだけではなく、障害者の
雇用の重要性と意義についてマネージメント側が理解し、積極的にプロ
グラムの導入を進めることで組織全体がその理念を共有していくという
姿勢が必要」である（高浦、2010、p.228）といった意見があげられている。

　2001 年には、国連・人種主義、人種差別、外国人排斥及びそれに関連
する世界会議が開催され、メキシコ代表団が「障害者権利条約を国連総
会の議題としたい」という提案を行った結果、第 56 回国連総会で条約に
関して討議を行うことが明記された。

　2002 年には、「障害者の権利に関する条約」の策定に関する第 1 回アド
ホック委員会が開催された。伊東（2007）は、「国連のシステムにおいて、
Disability mainstreaming が始まりつつあり、ミレニアム開発目標を達成
していくためのプロセスの全てのレベルで障害が含まれていくことが重
要である」と述べている。

　日本の開発協力の文脈においても、2002 年に、国際協力事業団によって、
「アジア太平洋障害者センタープロジェクト」（Asia Pacific Development
center on Disability Project、以下 APCD プロジェクトと略記）が開始さ
れた頃から、障害者のエンパワメントを目的とした事業が行われるよう
になり、当事者の持つ専門性が重視されるようになった。APCD プロジェ
クトでは、多くの障害当事者が専門家として派遣され、同プロジェクト
フェーズⅡでは、知的障害の当事者が派遣された。「ミャンマー社会福祉
行政官育成プロジェクト」では、手話の普及をプロジェクトの主な柱と

して活動していたが、その過程においては、ろう当事者が手話のネイティブとして中心となる必要があるとの認識から、日本のろう者からミャンマーのろう者に手話指導法の指導が行われた。ウズベキスタンでは盲ろう者のエンパワメントを目的とした事業において、日本の盲ろう者も短期専門家として派遣されている[2]。

3. 障害の概念の変化について

このような国際的な流れを受け、日本においても障害のある人を取り巻く環境が変化するに従って、障害の概念も変化してきた。1975年の国際連合の総会においては、「障害者の権利宣言」[3]が決議され、障害のある人々の基本的人権の指針が示されている。ここでは、「障害者（disabled person）」を「先天的か否かにかかわらず、身体的または精神的能力の不全のために、普通の個人生活または社会生活に必要なことを自分自身で完全または部分的にできない人のことを意味する」と述べられている（(財)日本障害者リハビリテーション協会、1976）。

(1) 国際障害分類（ICIDH）

障害の概念とは何かを考えた際に、私たちが一番に想像するのは、身体や情緒等の障害によって、生活や学習が困難で、支援が必要な子どもたちの姿ではないだろうか。

国際障害者年と同時期の1980年に、世界保健機関（WORLD HEALTH ORGANIZATION、以下WHOと略記）は、「国際障害分類」（International Classification of Impairments、Disabilities, and Handicaps、以下ICIDHと略記）において、DESEASE・DISORDER（疾患・変調）IMPAIRMENT（機能障害）、DISABILITY（能力障害）、HANDICAP（社会的不利）から構成される階層モデルを示した（図1-1）。

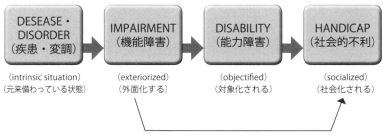

出典：WORLD HEALTH ORGANIZATION（1980, p.30）より筆者作成

図 1-1　ICIDH（国際障害分類）におけるモデル

　疾患や変調によって機能障害が生じ、それらに起因して能力障害が生じ、社会的不利がもたらされるとした。

　また、実際には、このモデルは、複雑であるとした上で、顔面の疾患やセリアック病[4]などを例にとり、能力障害はないが直接的な社会的不利につながる病態もあるとしている（WHO、1980、p.30）。

　「機能・形態障害」は、疾患等によってもたらされたもの（医療・治療の対象）である。したがって、「機能障害によってもたらされた能力障害を本人の努力やリハビリテーションで改善、克服し、社会に適応できる能力を身につけていく」といった考え方が教育や福祉の領域で中心となっていた。

　英国においては、1970年代から隔離に反対する障害のある研究者が障害を社会的障壁（disability）と機能障害（impairment）に分けて定義をしようと試みてきた。1983年に英国の研究者のオリバー（Oliver）は、社会的障壁（disability）への着目を「社会モデル」、機能障害（impairment）への着目を「医学モデル」または、「個人の悲劇モデル」と述べている（桐原、2013）。

　「個人の悲劇モデル」においては、個人の身体機能に問題の所在を求めている結果、治療が問題解決の基本となる。したがって、専門家によるケアを要する。一方、「社会モデルでは、障害当事者の経験に基づく権利

主張が問題解決のための手段として考えられる。従来の個人モデルに変わる新たなパラダイムとして、オリバーは、社会モデルを提起した」(堀、2014、p.294)のである。

これらの研究者は、障害のモデルに関しても、「障害学」(Disability Studies) として研究を進めようとしてきた。

(2) ICF(生活機能と障害の国際分類)

2001年に、WHOは、1980年の「国際障害分類」(ICIDH) の改訂を行い、「生活機能と障害の国際分類」(International Classification of Functioning、Disability and Health、以下ICFと略記) を定めた。主な改訂点としては、障害(impairment)に心理的な障害を入れ、能力低下(disability)のかわりに、活動(activity)として、主項目に追加し、背景因子として個人因子(personal factors)、環境因子(environmental factors)を入れ、活動に対して相互に関与することを示した(図1-2)。

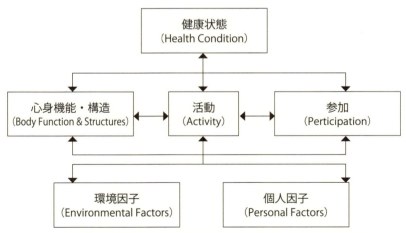

出典:厚生労働省(2002)「国際生活機能分類－国際障害分類改訂版－(日本語版)」より筆者が作成

図1-2 ICFの考え方

環境因子には、物的環境として、ユニバーサルデザイン、人的環境として、家族、友人、社会環境として、サービス、制度などがあげられる。個人因子には、年齢や性別、ライフスタイルなどが含まれている。このICFにおける解釈は、個人の活動を中心において、社会環境そのものが活動に影響することを示している。

例えば、脳性麻痺のため肢体不自由のある生徒が公共のプールに入りたいと考えたとする。

従来のICIDHにおいては、「脳の機能障害による運動障害が生じており、歩行が困難なため、自力で公共のプールに入水ができないため、社会的不利が生じる」と考えられてきた。

一方、ICFにおいては、肢体不自由のある生徒が脳の機能障害による運動障害が生じており、歩行が困難な場合、介助者の同伴による入水や公共プールでの浮き具の利用の許可、スロープの設置、看護師の待機等の環境面の整備で、生徒の入水が可能であると考える。

（3） 社会モデルと医学モデル

前述の英国の研究者オリバーによって言及されているように、「医学モデル」とは、障害を疾患や身体機能から生じるもので、個人の問題として捉える考え方とされている。主な着目点は、医療にある。

一方「社会モデル」とは、障害は、社会環境によって作り出されると捉えている。主な着目点は、人権問題にある。

ICFは社会モデルと医学モデルの双方を包摂した障害モデルとされるがICFのどの部分が社会モデルを表しているかについては、捉える個人によって差異があるといえる。

特に、教育の分野では、心身機能・構造及び活動と 環境因子との相互作用が「社会モデル」として捉えられる傾向がある。星加（2007、p.252）も、「ディスアビリティの非制度的位相のうち、相互行為場面における不利益

の生成については、ICFにおいても『環境因子』の一部として部分的に視野に収められているが、個人の内的過程を経由した『活動制限』や『活動制約』の発生については扱われていない」と述べている。

このように、ICFは、障害について、社会モデルと医学モデルの両側面から全人的に捉えようとしたが、2000年代より「障害は社会によって生み出されるものである」とする社会モデルの考え方が日本の障害者支援、特に、開発協力の文脈では、取り入れられるようになった。

中西（1999、pp.336-337）は、「障害者の自分たちの存在そして自己の権利に対する意識は、国こそ違え結局は同じである。日本のような先進国の障害者と、その生存権すら問題になっている途上国との差はあまりにあるとしても、それぞれが必死になって自分たちが社会において同等な存在であるという主張を続けている」と述べているが、開発協力においては、障害当事者の参画は極めて重要であり、当事者の参画がない協力は、当事者のニーズとかけ離れたものとなるためである。例えば、コスタリカにおける「ブルンカ地方における人間の安全保障を重視した地域住民参加の総合リハビリテーション強化プロジェクト」では、プロジェクト開始当初、医療リハビリテーションに比重を置いたプロジェクトが実施されていた。バスのリフト設置が法律で義務づけられるなど、コスタリカの障害者施策は比較的進んでいたが、障害当事者が常に与えられるサービスを受け入れるだけで、必要なサービスを自ら求める姿勢が必ずしも見られない状況であった。しかしながら、2008年に日本の自立生活センターの協力により、自立生活運動を活動に取り入れたことから変化が生まれ始めた。「障害者自身がサービスの担い手であるべきである」という自立生活センター関係者の強いメッセージを受けて、障害当事者が徐々に声を上げ始めた。また、親が高齢になると介助できなくなる等重度障害者が親と自宅で生活することの限界を再認識することで、多くの重度障害者が地域で介助者を使って一人暮らしを始めるといった変化が生まれた[5]。

このように、日本の自立生活センター関係者が開発協力に与えたインパクトは大きかったのである。

4. 障害者の権利に関する条約

2002年「障害者の権利に関する条約」の策定に関する第1回アドホック委員会が開催され、策定作業が進められた。

2006年12月には、国際連合の「障害者の権利に関する条約」が採択され、国際的に障害者の権利を尊重し社会の様々な分野への参加を促進していくことが合意された。この条約は、「前文」「目的」「定義」など50条からなるもので、「施設、サービス、移動手段の利用」「労働」「教育」「健康」「文化的な生活、レクリエーション、余暇、スポーツ」の参加など、障害のある人の社会生活について規定されている。

「この条約の締約国は、国際連合が、世界人権宣言及び人権に関する国際規約において、すべての人はいかなる差別もなしに同宣言及びこれらの規約に掲げるすべての権利及び自由を享有することができることを宣明し、及び合意したことを認め、すべての人権及び基本的自由が普遍的であり、不可分のものであり、相互に依存し、かつ、相互に関連を有すること並びに障害者がすべての人権及び基本的自由を差別なしに完全に享有することを保障することが必要であることを再確認し、…」と述べられているように、障害のある人に対する差別や人権についての理念が全面的に押し出されていることが理解できる。

第1条では、目的について、
　「この条約は、すべての障害者によるあらゆる人権及び基本的自由の完全かつ平等な享有を促進し、保護し、及び確保すること並びに障害者の固有の尊厳の尊重を促進することを目的とする」と目的について

述べられている。また、障害者の定義は、「長期的な身体的、精神的、知的又は感覚的な機能障害を有する者であって、様々な障壁との相互作用により他の者との平等を基礎として社会に完全かつ効果的に参加することを妨げられることのあるものを含む」とされている。「障害を理由とする差別」とは、「障害を理由とするあらゆる区別、排除又は制限であって、政治的、経済的、社会的、文化的、市民的その他のあらゆる分野において、他の者との平等にすべての人権及び基本的自由を認識し、享有し、又は行使することを害し、又は妨げる目的又は効果を有するものをいう。障害に基づく差別には、あらゆる形態の差別（合理的配慮の否定を含む。）を含む」としている。

障害者の権利に関する条約のキー概念となる「合理的配慮」とは、「障害者が他の者と平等にすべての人権及び基本的自由を享有し、又は行使することを確保するための必要かつ適当な変更及び調整」である。

「ユニバーサルデザイン」とは、「調整又は特別な設計を必要とすることなく、最大限可能な範囲ですべての人が使用することのできる製品、環境、計画及びサービスの設計」を指すとされる。この障害者権利条約の意義については、「この条約の人権の観点の中心には、差別を撤廃し平等を実現するという理念が位置づく」（津田、2010）といった意見がある。

5．障害者の権利に関する条約と国内の動向

（1） 地方公共団体の障害者差別禁止条例の動向

2006年に障害者の権利に関する条約が採択されてから、地方公共団体において、地域の実情に応じた独自の障害者差別禁止条例を当事者が参画しつくろうとする運動が展開されてきた。例えば、2007年の千葉県における「障害のある人もない人も共に暮らしやすい千葉県づくり条例」にお

いては、「『差別』とは、『不利益取扱い』をすること及び障害のある人が障害のない人と実質的に同等の日常生活又は社会生活を営むために必要な合理的な配慮に基づく措置を行わないこと」と定めている。『不利益取扱い』には、障害を理由とする「本人が希望しない長期間の入院、隔離」「本人または保護者の意見を聞かない入学校の決定」などがあげられている。2009 年の北海道での「北海道障がい者及び障がい児の権利擁護並びに障がい者及び障がい児が暮らしやすい地域づくりの推進に関する条例」においては、学校、公共交通機関、職場その他障害者が生活をするために必要な場において合理的配慮に努めるとともに、差別や不利益な扱いをしてはならないとしている。これらの障害者差別を禁止する条例制定の動きを受け、千葉県、北海道以外にも各県において、制定の動きが広がった。

（2）　障がい者制度改革推進本部の設置

　2009 年 12 月には、障害者権利条約の締結に必要な国内法の整備及び障害者制度の集中的な改革を行うため、「障がい者制度改革推進本部」が内閣に設置された。

　同本部には、「制度改革推進委員会」が設けられ、委員 20 名中 11 名について、障害のある当事者や障害者団体の代表が就任した。2010 年 6 月には、「障害者制度改革の推進のための基本的な方向（第一次意見）」を踏まえ、障害の有無にかかわらず、相互に個性の差異と多様性を尊重し、人権を認め合う共生社会の実現について述べられた。つまり、国際連合の「障害者の権利に関する条約」の批准に向けて、「人権」という観点を前面に押し出しているといえる。

　基本的な課題における改革の方向性では、「障害のある人の地域生活の実現とインクルーシブな社会の構築」「障害の捉え方と諸定義の明確化」が掲げられ、横断的課題における改革の基本的方向としては、「障害者基本法の改正と改革の推進体制」「障害を理由とする差別の禁止に関する法

律の制定等」「障害者自立支援法に替わる障害者総合福祉法（仮称）の制定」が掲げられている。

　個別分野における基本的方向として、労働分野では「福祉的就労への労働法規の適用のあり方」「雇用率制度についての検証・検討」「職場での合理的配慮確保のための方策」、教育分野では「障害のある子どもが障害のない子どもと共に教育を受けるインクルーシブ教育システム構築の理念を踏まえた制度改革」が掲げられた。

　表1-1は、障害者の権利に関する条約に向けての国内法の整備の状況である。

表1-1　障害者の権利に関する条約に向けての国内法の整備の状況

2006年	国連総会本会議において採択
2007年	日本が「障害者の権利に関する条約」に署名
2009年	「障がい者制度改革推進本部」の設置
2010年	中央教育審議会に「特別支援教育のあり方に関する特別委員会」の設置
2011年	「障害者基本法」の改正
2012年	「障害者総合支援法」の成立
2013年	「障害を理由とする差別の解消の推進に関する法律」案の成立 「障害者雇用促進法」の改正
2014年	「障害者の権利に関する条約」の批准
2016年	「障害を理由とする差別の解消の推進に関する法律」の施行

このようにして、日本においても国内法の整備が進められてきたのである。

（3）　障害を理由とする差別の解消に関する法律（障害者差別解消法）

　障害者差別解消法は、障害者権利条約の批准に向け、2013年6月に制定され、2016年4月に全面施行された。

　同法における「障害者」の定義については、「身体障害、知的障害、精神障害（発達障害を含む）、その他の心身の機能の障害（以下「障害」と

総称する）がある者であって、障害及び社会的障壁により継続的に日常生活又は社会生活に相当な制限を受ける状態にあるものをいう。」とされている。このことから、「障害」は、「社会モデル」を意識したものと考えられる。

　第5条では、「社会的障壁の除去の実施についての必要かつ合理的な配慮に関する環境の整備」について
「行政機関等及び事業者は、社会的障壁の除去の実施についての必要かつ合理的な配慮を的確に行うため、自ら設置する施設の構造の改善及び設備の整備、関係職員に対する研修その他の必要な環境の整備に努めなければならない。」と述べられている。

　第7条では、
「行政機関等は、その事務又は事業を行うに当たり、障害を理由として障害者でない者と不当な差別的取扱いをすることにより、障害者の権利利益を侵害してはならない。
　2．行政機関等は、その事務又は事業を行うに当たり、障害者から現に社会的障壁の除去を必要としている旨の意思の表明があった場合において、その実施に伴う負担が過重でないときは、障害者の権利利益を侵害することとならないよう、当該障害者の性別、年齢及び障害の状態に応じて、社会的障壁の除去の実施について必要かつ合理的な配慮をしなければならない。」と述べられている。

　内閣府（2015）によると同法における「障害を理由とする差別」とは、「障害を理由として、正当な理由なく、サービスの提供を拒否したり、制限したり、条件を付けたりするような行為である。また、障害のある方から何らかの配慮を求める意思の表明 があった場合には、負担になり

過ぎない範囲で、社会的障壁を取り除くために必要で合理的な配慮（以下、「合理的配慮」と呼ぶ）を行うことが求められる。こうした配慮を行わないことで、障害のある方の権利利益が侵害される場合も、差別に当たる。尚、知的障害等により、本人自らの意思を表明することが困難な場合には、その家族などが本人を補佐して意思の表明をすることが可能である」とされる。このような本人以外の意思表示を今後どの範囲まで、どのように取り扱うかについては、多くの課題が残されていると考えられる。

　表1-2は、「障害者差別解消法」における事業体ごとの義務内容である。国の行政機関は、「障害を理由とする差別の解消の推進に関する基本方針」に即して、不当な差別的取扱いの禁止及び合理的配慮の提供に関し、職員が適切に対応するために必要な要領（対応要領）を定めるものとされている。

表1-2「障害者差別解消法」における事業体ごとの義務内容

	不当的な差別取り扱い	障害者への合理的配慮
国の行政機関 地方公共団体等 （教育委員会・ 国立大学法人含む）	禁止	義務
民間事業者 （学校法人含む）	禁止	努力義務

出典：内閣府リーフレット

　表1-2においては、行政機関と事業者によって、「障害者差別解消法」における事業体ごとの義務内容が異なることがわかる。
　教育分野においては、文部科学省（2015）「文部科学省所管事業分野における障害を理由とする差別の解消の推進に関する対応指針について（通知）」で、具体的な内容が示されているが、第2章の部分で言及するもの

第 1 章　インクルーシブな社会に向けた障害の概念の変遷

とする。

<注>

1　当該プロジェクト参画者からの聞き取り、情報提供による。
2　1に同じ。
3　Declaration on the Rights of Disabled Persons Proclaimed by General Assembly resolution 3447 (XXX) of 9 December 1975. 原文は、国際連合ホームページ http://www.ohchr.org/EN/ProfessionalInterest/Pages/Rights Of Disabled Persons.aspx で閲覧可能（閲覧日：2016 年 4 月 2 日）．
4　セリアック病は、タンパク質の一種であるグルテンに対する自己免疫疾患である。
5　1に同じ。

<引用・参考文献>

Tina cook；John Swain；Sally French（2001）Voices from Segregated Schooling:towards an inclusive education system, *Disability & Society* 16（2），Taylor & Francis.= ティナ・クック／ジョン・スウェイン／サリー・フレンチ著／高橋眞琴訳「分離教育の場からの声―インクルーシヴ教育制度に向けて―」堀正嗣監訳『ディスアビリティ現象の教育学　イギリス障害学からのアプローチ』現代書館、pp.148-174．

Wayne Veck（2012）Reflecting on attention-deficient hyperactivity disorder and disablement in education with Eric Fromm, *Disability & Society* 27（2），Taylor & Francis.= ウェイン・ベック著／高橋眞琴訳「エーリッヒ・フロム思想からみる注意欠陥多動性障害と教育における障害化」堀正嗣監訳『ディスアビリティ現象の教育学　イギリス障害学からのアプローチ』現代書館、pp.230-250．

WORLD HEALTH ORGANIZATION（1980）'International Classification of Impairments, Disabilities, and Handicaps:A manual of classification relating to the consequences of disease'．

伊東亜紀子（2007）「障害者の権利条約―その意義、条約策定過程、今後の課題」『国連障害フォーカルポイント』http://www.dinf.ne.jp/doc/japanese/rights/rightafter/ri_itoh.html で閲覧可能（閲覧日：2016 年 2 月 14 日）．

外務省（2016）「障害者の権利に関する条約（略称：障害者権利条約）」http://www.mofa.go.jp/mofaj/gaiko/jinken/index_shogaisha.html で閲覧可能（閲覧日：2016 年 4 月 4 日）

厚生労働省（2002）「国際生活機能分類―国際障害分類改訂版―（日本語版）」．

桐原　尚（2013）「社会事業史のアンチテーゼとなる歴史と障害学」『立命館大学生存学研究センター報告』20 巻、2013 年、pp.300-308．

曽和信一（2008）「障害者の権利条約に関する一考察」『四條畷学園短期大学紀要』41号、pp.63-71.

高浦康有（2010）「中途障害者の雇用管理に関する理論モデルの構築：米国ADA法制の'合理的配慮'アプローチと障害管理プログラムの検討」『日本経営倫理学会誌』第17号、p.228.

高橋眞琴（2011）「障がいのある人にとっての『共に生きる社会づくり』について考える：重度・重複障がいのある人への『合理的配慮』とは」『研究紀要第12輯』兵庫県人権啓発協会刊、pp.38-58.

千葉県　（2007）「障害のある人もない人も共に暮らしやすい千葉県づくり条例」.

中央教育審議会初等中等教育分科会（2010）「特別支援教育の在り方に関する特別委員会論点整理」p.8.

津田英二（2003）「セルフ・アドボカシーの支援をめぐる基本的視点：支援者の属性と支援の内容に関する実証的研究」『神戸大学発達科学部研究紀要』第10巻第2号.

津田英二（2010）「インクルーシヴな社会をどう実現できるか」『研究紀要第11輯』兵庫県人権啓発協会刊、p.30、p.42.

所浩代（2010）「アメリカの障害者雇用政策：障害者差別禁止法（ADA）の成果と課題」『海外社会保障研究』国立社会保障・人口問題研究所編集、p.69.

内閣府（2015）障害者差別解消法リーフレット（わかりやすい版）http://www8.cao.go.jp/shougai/suishin/pdf/sabekai_wakariyasui_p.pdf でダウンロード可（閲覧日：2016年2月14日）.

中西由紀子（1996）「「障害者の機会均等化に関する基準規則」から見た日本の現状：支援サービス」『ノーマライゼーション　障害者の福祉』日本障害者リハビリテーション協会、第16巻、pp.16-17.

中西由紀子（1999）「訳者　あとがき」ピーター・コーリッジ著・中西由紀子訳（1999）『アジア・アフリカの障害者とエンパワメント』明石書店、pp.336-337.

（財）日本障害者リハビリテーション協会（1976）「国際連合の障害者の権利に関する決議」『リハビリテーション研究』第22号、pp.38-39.

日本肢体不自由児協会（1981）『肢体不自由児白書：1981・82』pp.12-13.

樋口恵子（2001）「日本の自立生活運動史」『自立生活運動と障害文化：当事者からの福祉論』全国自立生活センター協議会、pp.17-18.

星加良司（2007）『障害とは何か：ディスアビリティの社会理論に向けて』生活書院、p.252.

堀　正嗣（2014）「イギリスの障害児教育と障害学研究」堀　正嗣監訳『ディスアビリティ現象の教育学』現代書館.

文部科学省（2015）「文部科学省所管事業分野における障害を理由とする差別の解消の推進に関する対応指針について（通知）」.

第2章

障害児教育〜特別支援教育 〜インクルーシブ教育システム

前章においては、第二次世界大戦後から現代に至るまでのインクルーシブな社会に向けた障害の概念の変遷の描出を試みた。障害者の権利に関する条約が障害のある人の人権や権利の尊重の文脈で打ちだされていることや、社会モデルに依拠していることが確認できた。

　本章においては、それらを踏まえ、特に、障害児教育の萌芽以降の教育分野の施策等の変遷の描出を海外の動向や障害者の権利に関する条約にも言及しながら試みることで、複数の障害種の教育がどのように実践されていったのか概観していきたい。

1．近代の障害児教育の創始

(1) 障害児教育の基盤整備

　日本における近代の障害児教育は、欧米の特殊教育から影響を受け、特に、盲・聾教育を中心に発展していく。福沢諭吉、森有礼や内村鑑三など開明派の官僚や知識人は、留学や遣米・遣欧使節団への参加を通して、欧米の障害児教育を見聞し、障害児学校設置の必要性を示してきた。

　福沢諭吉は、1866年に公刊した『西洋事情初編』において、「唖院」や「盲院」を紹介している。また、山尾庸三は、建白書『盲唖学校ヲ創立セラレンコトヲ乞フノ書』（1871年）を太政官に提出し、盲教育・聾教育の振興策を具体的に提案した。

　初期の西欧福祉国家は、アサイラムを建設し、そこに貧民や障害者を収容した。その後、障害種別ごとに組織された専門家主導の民間福祉法人が台頭する。幕藩体制下の日本においては、盲人は、農民家族や村落共同体に扶助されるか、都市部で、座頭・瞽女などの芸能ないしは鍼治・按摩を生業としていた。利害衝突を回避し、共通の利益を保護するために形成された当道座は相互扶助的な機能を果たしていたが、明治維新による産業構造の変容は、盲人を包摂していた共同体を瓦解させた。例えば、

1871年の太政官布告により、当道座は、代替的な生活保障の手段をなんら持たぬまま、解散へと追い込まれたのである。

また、1872年の学制における「其外廃人学校アルベシ」という規定は、通常の学校体系の傍流として、現代まで続く障害児対象の特別な学校教育の基盤を準備したといえる。

学制に代わって制定された1879年の教育令では、障害児対象の学校に関する規定は削除されたが、その教育令も1886年の学校令制定をもって廃止される。そして、1890年の第二次小学校令において、市町村立および私立の「盲唖学校」は、「小学校ニ類スル各種学校」として再度規定され、第三次小学校令でも同様の規定が継続されていく。

このような法的規定は、通常の小学校制度の外部に盲聾唖学校をいわば傍流として位置づけ、国庫補助による保障を意味しなかった。その背景には、障害児の教育をも振興しようとしていた自由民権運動に対抗する潮流の中で、内務省が障害者を社会的にも教育的にも切り捨てていく放任政策に転じたことの影響があった（高橋・佐藤、2016）。

（2）盲・聾教育の開始

近代教育としての障害児教育は、1878年の京都盲唖院（現在の京都府立盲学校・京都府立聾学校）及び1880年の東京の楽善会訓盲院（現在の筑波大学附属視覚特別支援学校・筑波大学附属聴覚特別支援学校）の開設をもって、実質的に開始される。京都盲唖院は、盲児の保護者による教育への萌芽的要求を寺社や町役人層が支持する形で設立された。一方、楽善会訓盲院は、開明派の士族や官僚層を担い手とするキリスト教慈善事業によって発足する（芦田、1982、p.19）のである。

両校の盲児の教育について、概観すると、まず、京都盲唖院の教育内容は、「盲唖学校仮校則・教則・課業表」に定められた。それは、「京都府下の小学校下等級校則・教則・課業表に準拠して簡略にし、新たに、盲・

聾唖児の特性に応じた箇条を付け加えたもの」（文部省、1978、p.78）であった。一方、楽善会訓盲院においては、「習字、素読、講義、語誦、数学、作文、音楽等を生徒の年齢や発達に応じて授け、教授方法は、『普通小学ノ体裁ニ倣ヒ更ニ実地ニ就テ、盲人適宜ノ酌斟ヲ加フベキ者』」（文部省、1978、p.86）と記されている。このように見ると、京都盲唖院、楽善会訓盲院双方に、小学校の教育課程に準じた教科・科目編成に加え、現在の自立活動に当たる領域が特設されていたことが理解できる。しかしながら、京都盲唖院が盲・聾唖児の特性に応じた自立活動的な内容に重点をおいた指導を行っていた一方、楽善会訓盲院では、普通小学校に準じた教科・科目の指導が重視されていたといわれる（高橋・佐藤、2016）。

この時代においては、小学校令の規定において、各市町村に尋常小学校の設置を義務づけ、普通児の就学義務を強化した。貧困層に対しては、経済的援助が実施され、簡易課程・夜間課程など労働と就学を両立させるための教育的仕組みも用意された。義務教育年限が6年に延長される1907年までには、小学校の就学率は98％まで上昇したのである。一方、「各種学校」として位置づけられた盲唖学校の設置については、各市町村の意向に委ねられていた。第一次から第三次までの小学校令を通して就学猶予・免除制度が整備され、瘋癲・白痴・不具・廃疾のため学業を修めることができないとされた児童に対しては、就学免除規定の適用が通常の措置となっていったのである（村田、1997；高橋・佐藤、2016）。

このように、障害児教育の萌芽期においては、盲・聾唖教育が先行されていったのであるが、盲・聾唖教育以外の特殊教育についても明治後半期から次第に展開されるようになった。

（3）知的障害教育・肢体不自由教育・病弱教育の開始

知的障害教育については、1890年の松本尋常小学校における学業不振児のための特別な学級が起源とされる。この特別な学級の設置の背景に

は、明治時代後半になって、義務教育への就学率が50％を超えるようになったが、学業成績のふるわない子どもの存在があるとされる（文部省、1978、p.138）。1907年の文部省訓令では、師範学校附属小学校においても、特別な学級の設置が奨励された。一部の小学校において取り組まれ、大正期以降は、小学校の特別学級として、設置されるようになった。学校教育以外にも1891年に、石井亮一による東京の滝乃川学園、1893年には、岩崎佐一によって、大阪の桃花塾などの保護・教育施設が設置された。昭和に入ると1940年に大阪市立児童相談所と併設されて知的障害教育のための大阪市立恩斉学校が創立された。このように、知的障害教育については、特別な学級と施設という2つの流れがあったが、特別な学級においては、教育課程の程度を下げ、丁寧に教えるのが中心であったことに対して施設においては、例えば滝乃川学園のセガンの教育法にみるように、障害の特性に応じたものであったといえる（文部省、1978、pp.141-145）。

　肢体不自由教育については、明治30年代にヨーロッパからの整形外科学の導入が行われたことが発展の糸口となった。東京帝国大学の整形外科教室の高木憲次教授は、肢体不自由者のための実態調査を行い、児童が治療しながら教育を受けることができる治療・教育・職能授与の3つの機能がある教療所の必要性を示した。肢体不自由児の療護施設としては、1921年日本最初の肢体不自由児施設柏学園が柏倉松蔵らによって創設された。1932年には、肢体不自由児のための学校東京市立光明学校が設立された。複数の県で、小学校に肢体不自由児のための特別な学級の設置（茨城・大阪など数府県に14学級）され、身体虚弱児や知的障害児の学級との併設が行われた（全国肢体不自由養護学校PTA連合会、2007）。

　病弱教育は、1889年に、三重県尋常師範学校生徒の脚気患者を転地させて事業を実施したことが始まりといわれている。1917年には、結核予

防団体白十字会が、神奈川県茅ケ崎町に白十字会林間学校を設立した。教育方針はできるだけ、個別の教育を重視し、精神的疲労の軽減や授業での肉体的調和が重視された。授業は、1週20時間が限度で、40分授業で、20分の休息をとった。全児童が寄宿舎での生活で育強に努めた。1926年には、身体虚弱児のための養護学級が東京市鶴巻尋常小学校に開設され、1927年に、東京市麹町尋常小学校に開放学級が、1930年に、東京市麻布区本村尋常小学校に戸外学級が設置された。身体虚弱児童で特別な授業を行う必要があると認められる場合、特別な学級が編成できるように規定された（文部省、1978、pp.157-161）。

（4）養護学校・養護学級へ

1937年の教育審議会「国民学校等に関する答申」においては、「心身障害児に特別の教育施設を設けること」「盲・聾唖教育を速やかに義務教育とすること」が示された。「身体虚弱、精神薄弱其ノ他心身ニ異常アル児童ニシテ特別養護ノ必要アリト認ムルモノノ為ニ学級又ハ学校ヲ編制スルコトヲ得」という表現より、養護学級又は養護学校としての規定がみられた。1941年の国民学校令の公布によって様々な名称で呼ばれていた特別な学級は、養護学級、養護学校と称されるようになった（文部省、1992）。

2. 養護学校義務制まで

中央教育審議会（1959）「特殊教育の充実振興について」を受け、養護学校は、精神薄弱、肢体不自由、病弱という対象のそれぞれに応じて別種の学校を設け、1960年度から年次計画により、増設を図っていくこととなった。特に、養護学校義務制以前においては、重度・重複障害のある児童生徒が、自宅での学習を余儀なくされ、学校の教員が養護学校に

勤務しながら、自宅に訪問するという事例も散見された。その後、訪問指導に係る制度が図られていった。例えば、1969年の神奈川県教育委員会の在宅障害児訪問教育制度の決定、1970年の文部省による訪問教育に関する研究指定校の指定、1971年の長崎県不就学児訪問教育指導制度、1972年福井県の在宅心身障害児家庭訪問指導制度などである。

　1971年には、中央教育審議会「今後における学校教育の総合的な拡充整備のための基本的施策について（答申）」がなされた。この提言では、「特殊教育の積極的な拡充整備」の項目で、「すべての国民にひとしく能力に応ずる教育の機会を保障することは国の重要な任務であって、通常の学校教育の指導方法や就学形態には適応できないさまざまな心身の障害をもつ者に対し、それにふさわしい特殊教育の機会を確保するため、国は、次のような施策の実現について、すみやかに行政上、財政上の措置を講ずる必要がある。

（1）これまで延期されてきた養護学校における義務教育を実施に移すとともに、市町村に対して必要な収容力をもつ精神薄弱児のための特殊学級を設置する義務を課すること
（2）療養などにより通学困難な児童・生徒に対して教員の派遣による教育を普及するなど、心身障害児のさまざまな状況に応じて教育形態の多様化をはかること
（3）重度の重複障害児のための施設を設置するなど、特殊教育施設の整備充実について国がいっそう積極的な役割をになうこと
（4）心身障害児の早期発見と早期の教育・訓練、義務教育以後の教育の充実、特殊教育と医療・保護・社会的自立のための施策との緊密な連携など、心身障害児の処遇の改善をはかること。」と示している。

　〔説明〕の中では、「精神薄弱（知的障害）、肢体不自由、病弱の3種の障害児に対する養護学校の義務制は、学校教育法制定以来今日まで20年

以上施行されずにきている。すみやかにその施行をはかるとともに」と養護学校の義務制を示唆するとともに、「比較的軽度の精神薄弱児については、市町村に特殊学級を設置する義務を課することによって、就学の機会を均等に保障する必要がある。また、弱視、難聴などの障害児に対しても、特殊学級を設けることを促進すべきである。」「療養などにより通学困難な者に対して教員を派遣して教育を行うことについては、教育内容や実施方法をじゅうぶん検討のうえ、積極的にその普及をはかる必要がある。」「さらに、心身障害児も普通児とともに学習させることが教育上適切な者については、普通学級において専門教員の巡回指導を受けさせる方式を普及すべきである。」

「重複障害児に対しては、特殊教育諸学校に特別な学級を設けて教育すべきであるが、その重度の者は対象者も少なく、教育方法も未開拓な分野が多いので、医療・保護などとの関連をじゅうぶん考慮した施設を国が設置すべきである。」と障害程度と種類によって、教育の場や教育方法を規定している様子がわかる。

この答申を受け、文部科学省は、1972年を初年度として、特殊教育充実計画を策定した。 特に養護学校については、「養護学校整備7年計画」を立て、対象となる学齢児童全員を就学させるため、養護学校の整備を図った。

1974年の「第4次教職員定数改善計画」、1974年〜1978年の「養護学校教育義務制準備活動費補助」、1974年〜1978年の「特殊教育訪問指導費」、1974年の「介助職員経費補助」がその一例である。1973年〜1974年には、特殊教育の対象の拡大と重度・重複障害児教育のあり方について調査研究を行うために、「特殊教育の改善に関する調査研究会」が開催された。

1978年には、文部省初等中等教育局が「教育上特別な取扱いを要する児童・生徒の教育措置について」において、就学基準を定め、養護学校

義務制が 1979 年から実施となったのである。

図 2-1 は、就学義務の猶予・免除者数の推移である。これまで、療養などのため、在宅を余儀なくされていた児童・生徒が養護学校義務制によって、就学可能になったことがみてとれる。

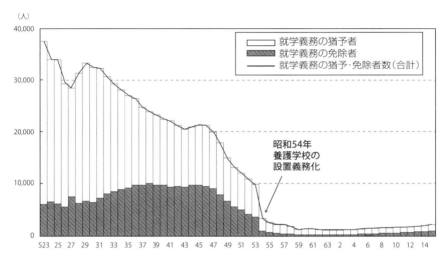

出典：文部科学省「学校基本調査」http://www.mext.go.jp/b_menu/shingi/chukyo/chukyo3/gijiroku/04080201/006/001.pdf

図 2-1 就学義務の猶予・免除者数の推移

3. 特別な教育的ニーズにかかる教育―英国の場合を例に―

(1) Special Educational Needs の提案

一方、米国では、1975 年には、障害児教育法が可決され、「障害のある子どもが『最も制限の少ない環境』で障害のない子どもと生活を共にすべき」であることが示され、英国では、1981 年教育法 Education Act 1981 において、Special Educational Needs (SEN) という概念を教育に取り入れている。SEN は、診断された「障害」disability についてではなく、学習における困難さ learning difficulties や特別な教育的手立て special educational provision を中心とした、教育的援助に言及する教育学的概念である。

英国では、1978年の通称「ウォーノック報告」で提唱されたSENという概念に基づき、施策が行われてきた。この報告では、「医学的視点からの障害のカテゴリーは、子どもが必要としている教育と対応していない」「障害の有無は明確に区分されるものではなく、連続的なものである」などの点が批判され、従来の障害カテゴリーの代わりに、特別な教育的ニーズ（Special Educational Needs（以下、SENと略記））が提案された。SENは、1981年教育法によって、診断された障害についてではなく、教育的援助について言及する教育学的な概念とされた。そしてこの概念は、学習における困難さ（a learning difficulty）と特別な教育的手だて（special educational provision）で説明された。地方教育局の責任において、判定書（Statement）と呼ばれる文書に基づく評価手続きを整備し、保護者の権利を拡大した（Dyson、1997）。

英国においては、地域によっては、取り組みとして、"Education Village" というものがある。同じ敷地内に通常学校・特別学校・特別学級が作られ、児童・生徒が状況に応じて、各施設を柔軟に活用できるといったシステムである。この取り組みは、複数学校の co-location として一般化していった（高橋・津田・久井、2009）。

（2）英国における特別な教育的ニーズ（SEN）に応ずる教育の施策

英国における特別な教育的ニーズ（SEN）に応ずる教育の施策は、以下のように策定された（河合、2007）。

1）SENに関する学校方針の策定

すべての通常の小・中学校で、SENに関する学校方針（Special Educational Needs Policy）の作成が義務付けられた。この方針の中に含まれる内容は大別すると①学校の特別な教育的対応についての基本的な

第2章 障害児教育～特別支援教育～インクルーシブ教育システム

情報、②SEN のある児童・生徒の発見、評価、対応についての情報、③学校の教職員の研修と学校外の機関とのパートナーシップについての情報である。学校方針の作成が義務付けられたことにより、通常学校に在籍する SEN のある児童・生徒にも特別な支援が保障されるようになった。

2）コーディネーター SENCO の配置

特別な教育的ニーズに関するコーディネーターを各学校に配置することが義務付けられている。SENCO（Special Educational Needs Coordinator）と呼ばれるこのコーディネーターは、①通常学校において、SEN のある児童・生徒の保護者や他の専門家と連携を図ること、②他の実践家（同僚教師）に対してアドバイスや支援を行うこと、③適切な個別指導計画（Individual Educational Plan）が作成されることを確実とすること、④SEN のある個々の児童・生徒に関連する背景情報を集めたり、記録したり、その情報を更新したりすることがある。

3）段階的な評価システムの導入

「判定書（Statement）」は、1981年に SEN の概念が導入された際に、子どもの特別な教育的ニーズとそれに対応する手だてを具体的に成文化した書類である。保護者とそれぞれの専門家の意見と評価（assessment）を基本として作成され、専門家による評価で得られた SEN とそれらに対応するために学校で行われる教育的手だてや言語療法等のセラピーなどが示されている。

判定書が作成されていなくても SEN があると評価し、その評価に基づいて対応できるシステムも導入されている。それらは、School Action と School Action Plus と呼ばれており、前者は学校内で SENCO を中心に個別指導計画（IEP：Individual Education Plan）に基づいて対応がなされ、後者では学校外の専門家も関与するようになる。この2段階のプロセスにおいても、十分な対応が難しい場合に、法的評価が行われて判定書が作成されることになる。

4）「特別な教育的ニーズ・障害裁定委員会」の設置

　「特別な教育的ニーズ・障害裁定委員会」Special Educational Needs and Disability Tribunal と呼ばれる第三者機関が設置されている。この委員会は中立的な立場で、教育の場や判定書の内容に基づく不服申し立ての処理を行っており、インクルーシブ教育をめぐる保護者の権利を保障する役割を果たしている。

5）ティーチング・アシスタントの配置

　1990年代より、正規の教師以外に、SEN のある児童・生徒に教育的支援を行うアシスタントが配置されている。これはインクルーシブ教育の推進において、大きな役割を果たしている。2000年以降、ティーチング・アシスタントの養成・研修システムが整備され、被雇用者数が増加している。明確な資格はないが、研修経験等に応じて、ハイレベル TA といった呼称もある。

　尚、英国の特別な教育的ニーズにかかる教育は、2014年より大きな制度改革となり、School Action と School Action Plus は内容の変更が生じている。そのことについては、第3章で述べる。

4. サラマンカ声明のインパクト

　1994年には、「特別なニーズ教育に関する世界会議：アクセスと質」（World Conference on Special Needs Education : Access and Quality）を受けて、「特別なニーズ教育に関するサラマンカ声明と行動の枠組み」（The Salamanca Statement and Framework for Action）が採択された。サラマンカ声明でキー概念となったのが、「万人のための教育」（Education for All : EFA）であり、「世界のすべての子どもを学校にインクルージョンするため、学校制度の改革をめざす」ことであった。例えば、初等教育へのアクセスを有していない子ども、ストリートチルドレン、基礎教育を完了していない成人も含まれ、

識字率について、言及されたのである。

　サラマンカ声明においては、「インクルーシブな方向性をもつ学校は、差別的な態度と闘う最も効果的な意味をもち、歓迎するコミュニティを築き、インクルーシブな社会を築き、万人のための教育を達成する」（United Nations Educational、Scientificand Cultural Organization、1994、p.ix）と述べられている。また、「インクルーシブな学校の基本原則として、子どもたちはいかなる困難や相違点をもっていても可能な限り、共に学ぶべきである」（前掲書、p.11）、「インクルーシブな学校においては、特別な教育的ニーズをもつ子どもは、効果的な教育が保障されるために、必要とされるいくつかのサポートを受けるべきである」（前掲書、p.12）、「インクルーシブな学校は、特別な教育的ニーズをもつ子どもと友人との連帯を築くための最も効果的な意味をもつ」（前掲書、p.12）、と述べられており、今日のインクルーシブ教育の源流を見ることができる。

　従来、特殊教育は、身体面、感覚面や情緒面の問題をもつ子どもの教育ということで定義されてきたが、学校教育でのすべての子どもたちを対象とする、特別なニーズ教育という概念が日本国内でも注目されるようになった。

5. 特殊教育から特別支援教育へ

（1）学習障害の概念化

　1997年には、特殊教育の改善・充実に関する調査研究協力者会議が開催された。この会議では、盲・聾・養護学校の高等部の拡充整備と訪問教育の実施、交流教育の充実及び早期からの教育相談の充実について、議論された。

　1999年の学習障害及びこれに類似する学習上の困難を有する児童生徒の指導方法に関する調査研究協力者会議による「学習障害児に対する指導について（報告）」においては、学習障害について、

> 「学習障害とは、基本的には、全般的な知的発達に遅れはないが、聞く、話す、読む、書く、計算する、推論するなどの特定の能力の習得と使用に著しい困難を示す、様々な障害を指すものである。」
> 「学習障害は、その背景として、中枢神経系に何らかの機能障害があると推定されるが、その障害に起因する学習上の特異な困難は、主として学齢期に顕在化するが、学齢期を過ぎるまで明らかにならないこともある。」
> 「学習障害は、視覚障害、聴覚障害、精神薄弱、情緒障害などの状態や、家庭、学校、地域社会などの環境的な要因が直接の原因となるものではないが、そうした状態や要因とともに生じる可能性はある。また、行動の自己調整、対人関係などにおける問題が学習障害に伴う形で現れることもある。」

と定義した。通常学校における学習障害のある児童生徒の存在や教育的支援が示唆されたのである。

(2)「21世紀の特殊教育の在り方について (最終報告)」

　21世紀の特殊教育の在り方に関する調査研究協力者会議(2001)「21世紀の特殊教育の在り方について(最終報告)」では、これからの特殊教育は、障害のある幼児児童生徒の視点に立って一人ひとりのニーズを把握し、必要な支援を行うという考えに基づいて対応を図ることが必要であると「特別な教育ニーズ」に言及した上で、

> 「ノーマライゼーションの進展に向け、障害のある児童生徒の自立と社会参加を社会全体として、生涯にわたって支援する」
> 「教育、福祉、医療等が一体となって乳幼児期から学校卒業後まで障害のある子ども及びその保護者等に対する相談及び支援を行う体制を整備する」
> 「障害の重度・重複化や多様化を踏まえ、盲・聾・養護学校等における

教育を充実するとともに、通常の学級の特別な教育的支援を必要とする児童生徒に積極的に対応する」
➤「児童生徒の特別な教育的ニーズを把握し、必要な教育的支援を行うため就学指導の在り方を改善する」
➤「学校や地域における魅力と特色ある教育活動等を促進するため、特殊教育に関する制度を見直し、市町村や学校に対する支援を充実する」
と特殊教育の今後の方向性について示したのである。

(3) 特別支援教育の実施に向けて

これらの動向を受け、特別支援教育の在り方に関する調査研究協力者会(2003)は、「今後の特別支援教育の在り方について(最終報告)」を示した。基本的方針としては、障害の程度等に応じ特別の場で指導を行う「特殊教育」から障害のある児童生徒一人一人の教育的ニーズに応じて適切な教育的支援を行う「特別支援教育」への転換を図るという内容である。特別支援教育についても「従来の特殊教育の対象の障害だけでなく、LD、ADHD、高機能自閉症を含めて障害のある児童生徒の自立や社会参加に向けて、その一人一人の教育的ニーズを把握して、その持てる力を高め、生活や学習上の困難を改善又は克服するために、適切な教育や指導を通じて必要な支援を行うものである。」と定義された。

基本的なあり方としては、「関係機関の有機的な連携と協力」「個別の教育支援計画」「特別支援教育コーディネーター(仮称)の役割」「地域の総合的な教育的支援体制の構築と当該地域の核となる専門機関の必要性」について、提言している。

中央教育審議会(2005)の「特別支援教育を推進するための制度の在り方について(答申)」においては、特別支援教育を従来の特殊教育の役割や実績の継承・発展であるとした上で、特殊教育の枠組みの下で培われてきた教育水準や教員の専門性が維持・向上できるような方向で推進さ

れることの必要性やいじめ、不登校など発達障害のある子どもが学校で抱える課題について、言及した上で、「特別支援教育の理念と基本的考え方が普及・定着は、学校教育が抱えている様々な課題の解決に資する。」とし、「障害の有無にかかわらず、誰もが相互に人格と個性を尊重し支え合う共生社会の実現のため、特別支援教育の理念や基本的考え方が、学校教育関係者をはじめとして国民全体に共有されることを目指すべき」と特別支援教育の理念や意義について示された。

2006年には、「児童生徒等の障害の重複化や多様化に伴い、一人一人の教育的ニーズに応じた適切な教育の実施や、学校と福祉、医療、労働等の関係機関との連携がこれまで以上に求められているという状況に鑑み、児童生徒等の個々のニーズに柔軟に対応し、適切な指導及び支援を行う観点から、複数の障害種別に対応した教育を実施することができる特別支援学校の制度を創設するとともに、小中学校等における特別支援教育を推進すること等により、障害のある児童生徒等の教育の一層の充実を図るため」に学校教育法等の一部を改正する法律が公布されている。この改正を受けて、2007年より特別支援教育が本格実施となるのである。

(4) 特別支援教育の推進

「特別支援教育の推進について（19文科初第125号）」では、「特別支援教育は、障害のある幼児児童生徒の自立や社会参加に向けた主体的な取組を支援するという視点に立ち、幼児児童生徒一人一人の教育的ニーズを把握し、その持てる力を高め、生活や学習上の困難を改善又は克服するため、適切な指導及び必要な支援を行うものであり、これまでの特殊教育の対象の障害だけでなく、知的な遅れのない発達障害も含めて、特別な支援を必要とする幼児児童生徒が在籍する全ての学校において実施されるものである。」と示している。

第２章　障害児教育〜特別支援教育〜インクルーシブ教育システム

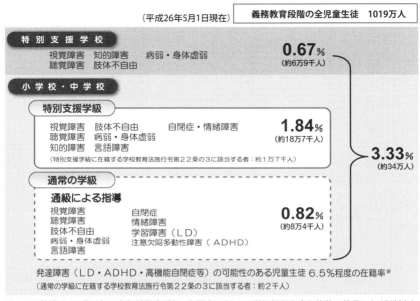

図2-2　特別支援教育の対象

図2-3　個別の支援計画－生涯にわたる支援－

文部科学省（2007）「特別支援教育の推進について（通知）」では、特別支援教育を行うための体制の整備及び必要な取組として、
➢ 特別支援教育に関する校内委員会の設置
➢ 実態把握
➢ 特別支援教育コーディネーターの指名
➢ 関係機関との連携を図った「個別の教育支援計画」の 策定と活用
➢ 「個別の指導計画」の作成
➢ 教員の専門性の向上
があげられている。

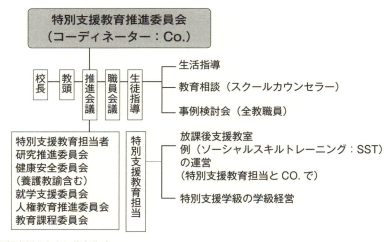

出典：仮想事例をもとに筆者作成

図2-4　校内委員会の例

6. 一人一人の教育的ニーズに基づく「個別の教育支援計画」「個別の指導計画」と Person Centered Planning

(1)「個別の教育支援計画」と「個別の指導計画」

　「個別の教育支援計画」「個別の指導計画」は、特殊教育から特別支援教育体制に移行する際に、特別支援教育の重要なツールとして位置づけられてきたものである。

　中央教育審議会（2005）「特別支援教育を推進するための制度の在り方について（答申）」では、「個別の教育支援計画」を「障害のある幼児児童生徒の一人一人のニーズを正確に把握し、教育の視点から適切に対応していくという考えの下、長期的な視点で乳幼児期から学校卒業後までを通じて一貫して的確な支援を行うことを目的として策定されるもので、教育のみならず、福祉、医療、労働等の様々な側面からの取組を含め関係機関、関係部局の密接な連携協力を確保することが不可欠であり、教育的支援を行うに当たり活用することが意図される計画」としている。実際は、これらの「個別の教育支援計画」と「個別の指導計画」の策定や書式は、各特別支援学校に委ねられているのが現状である。

　「個別の指導計画」は、特別支援学校学習指導要領（文部科学省、2009）で定められているもので、個別の教育支援計画の内容に基づいて、具体的に一人一人のニーズに応じた指導目標、内容、方法についてまとめられたものである。学習指導要領の中にも、「個に応じた指導を充実するため、個別の指導計画に基づき指導方法や指導体制の工夫改善に努めること。その際、児童又は生徒の障害の状態や学習の進度等を考慮して、個別指導を重視するとともに、授業形態や集団の構成の工夫、それぞれの教師の専門性を生かした協力的な指導などにより、学習活動が効果的に行われるようにすること」（文部科学省、2009、p.46）と述べられている。学習指導要領の文中に「個別指導を重視するとともに」と述べられてい

ることからも、「障害の改善と克服」「自立と社会参加」といった障害のある個人が社会に適応するための指導が重視されているといえる。

(2) Person Centered Planning

　尚、日本における「個別の教育支援計画」「個別の指導計画」は、アメリカ合衆国のPCP（Person Centered Planning）、IEP（Individualized Education Program、個別教育プログラム）や英国のIEP（Indivudual Education Plans）を参考にしているといわれる。そこで、本節においては、アメリカ合衆国のPCP及びIEPを例示する。

　藤田・高橋（2011）によるとPerson Centered Planning（以下、PCPと略記）は、1970年代前半より、北米において障害のある人たちへの支援の質を向上させるためのアプローチとして定着してきた。アプローチの特徴としては、「本人中心のシステム」「個人の選択や選好の重視」「本人の積極的思考や夢の重視」があげられる。例えば、筆者が関与した例では、障害のある人が「犬を飼いたい」と考えた場合、その夢を実現するために本人を取り巻く家族や地域の人々がどのようにすればよいか、本人を交えて、話し合いなどが行われる。その際には、言語表現や意向を引き出すために描画なども用いられる。

　アメリカ合衆国カリフォルニア州においては、Regional Centerがカリフォルニア州の財源により設立されている。Regional Center協会によると、カリフォルニア州には、21のセンターがあり、これらは州の発達障害局と委託契約をしている民間の非営利団体である。障害のある人が必要とするサービスの提供やコーディネートを行う窓口となっている。尚、この場合、障害種別や年齢は問わず、周産期の妊婦などへの相談（早期介入）から、成人の財産管理などまで広く行われている。各Regional Centerでは、当事者の成長過程や、その家族の生活状況に合わせて支援のパンフレットが作成され学齢期・成人期を問わず必要な時にいつでも

利用できるようになっている。アドボカシー（権利擁護）に関する説明や担当専門家との面談の後に、担当ケースワーカーが決定され、本人の必要としていることに対して把握し、考え、可能な限りサービスも提供されている。大学教育においても、「アカデミック」「ライフスキル」「インターンシップ」「ソーシャルアクティビティー」「コミュニティーサービス」を2年間で学ぶというプログラムづくりがなされている。

このように PCP においては、障害者本人が自分の権利を知り、家族や Regional Center のサポートの下で様々な生活を展開していることが見てとれる。そして立案される PCP は、「本人中心のシステム」「個人の選択や選好」「本人の積極的思考や夢」を重視している。また、Regional Center は、生涯の支援者として、本人の年齢に応じ、「個別家族サービスプラン」「個別教育プラン」「個人別プラン」を作成し、学齢期には、公立学校では特別プログラム、放課後支援、成人に至っては、生活技術プログラム、セラピー、就労支援などの支援を行っている。Regional Center は、障害のある人が地域社会の中で選択権を持ち、生活していくことを目指しているといえる。

7. 障害者の権利に関する条約と合理的配慮

本節においては、障害者の権利に関する条約の教育に関する主要条文とキー概念である合理的配慮について、確認しておきたい。合理的配慮は、第1章で示したように、「障害者の権利の確保のために必要・適当な調整で、過度な負担を課さないもの」であり、「障害者であることを理由とする直接的な差別」「合理的配慮の否定」は差別であるとされる。

（1）教育に関する主要な条文

教育に関する主要な条文は、第24条に掲げられている（英文条文：

United Nations、2006、日本語公定訳：外務省、2016)。

'1. States Parties recognize the right of persons with disabilities to education. With a view to realizing this right without discrimination and on the basis of equal opportunity. States Parties shall ensure an inclusive education system at all levels and lifelong learning directed to:
a. The full development of human potential and sense of dignity and self-worth, and the strengthening of respect for human rights, fundamental freedoms and human diversity;
b. The development by persons with disabilities of their personality, talents and creativity, as well as their mental and physical abilities, to their fullest potential;
c. Enabling persons with disabilities to participate effectively in a free society.'

「1. 締約国は、教育についての障害者の権利を認める。締約国は、この権利を差別なしに、かつ、機会の均等を基礎として実現するため、障害者を包容するあらゆる段階の教育制度及び生涯学習を確保する。当該教育制度及び生涯学習は、次のことを目的とする。
　(a) 人間の潜在能力並びに尊厳及び自己の価値についての意識を十分に発達させ、並びに人権、基本的自由及び人間の多様性の尊重を強化すること。
　(b) 障害者が、その人格、才能及び創造力並びに精神的及び身体的な能力をその可能な最大限度まで発達させること。
　(c) 障害者が自由な社会に効果的に参加することを可能とすること。」

'2. In realizing this right, States Parties shall ensure that:

a) Persons with disabilities are not excluded from the general education system on the basis of disability, and that children with disabilities are not excluded from free and compulsory primary education, or from secondary education, on the basis of disability;
b) Persons with disabilities can access an inclusive, quality and free primary education and secondary education on an equal basis with others in the communities in which they live;
c) Reasonable accommodation of the individual's requirements is provided;
d) Persons with disabilities receive the support required, within the general education system, to facilitate their effective education;
e) Effective individualized support measures are provided in environments that maximize academic and social development, consistent with the goal of full inclusion.'

「2. 締約国は、1の権利の実現に当たり、次のことを確保する。
　(a) 障害者が障害に基づいて一般的な教育制度から排除されないこと及び障害のある児童が障害に基づいて無償のかつ義務的な初等教育から又は中等教育から排除されないこと。
　(b) 障害者が、他の者との平等を基礎として、自己の生活する地域社会において、障害者を包容し、質が高く、かつ、無償の初等教育を享受することができること及び中等教育を享受することができること。
　(c) 個人に必要とされる合理的配慮が提供されること。
　(d) 障害者が、その効果的な教育を容易にするために必要な支援を一般的な教育制度の下で受けること。
　(e) 学問的及び社会的な発達を最大にする環境において、完全な包容と

いう目標に合致する効果的で個別化された支援措置がとられること。」

'3. States Parties shall enable persons with disabilities to learn life and social development skills to facilitate their full and equal participation in education and as members of the community. To this end, States Parties shall take appropriate measures, including:
a) Facilitating the learning of Braille, alternative script, augmentative and alternative modes, means and formats of communication and orientation and mobility skills, and facilitating peer support and mentoring;
b) Facilitating the learning of sign language and the promotion of the linguistic identity of the deaf community;
c) Ensuring that the education of persons, and in particular children, who are blind, deaf or deafblind, is delivered in the most appropriate languages and modes and means of communication for the individual, and in environments which maximize academic and social development.'

「3. 締約国は、障害者が教育に完全かつ平等に参加し、及び地域社会の構成員として完全かつ平等に参加することを容易にするため、障害者が生活する上での技能及び社会的な発達のための技能を習得することを可能とする。このため、締約国は、次のことを含む適当な措置をとる。
　(a) 点字、代替的な文字、意思疎通の補助的及び代替的な形態、手段及び様式並びに定位及び移動のための技能の習得並びに障害者相互による支援及び助言を容易にすること。
　(b) 手話の習得及び聾社会の言語的な同一性の促進を容易にすること。
　(c) 盲人、聾者又は盲聾者（特に盲人、聾者又は盲聾者である児童）の

教育が、その個人にとって最も適当な言語並びに意思疎通の形態及び手段で、かつ、学問的及び社会的な発達を最大にする環境において行われることを確保すること。」

'4. In order to help ensure the realization of this right, States Parties shall take appropriate measures to employ teachers, including teachers with disabilities, who are qualified in sign language and/or Braille, and to train professionals and staff who work at all levels of education. Such training shall incorporate disability awareness and the use of appropriate augmentative and alternative modes, means and formats of communication, educational techniques and materials to support persons with disabilities.'

「4. 締約国は、1の権利の実現の確保を助長することを目的として、手話又は点字について能力を有する教員（障害のある教員を含む。）を雇用し、並びに教育に従事する専門家及び職員（教育のいずれの段階において従事するかを問わない。）に対する研修を行うための適当な措置をとる。この研修には、障害についての意識の向上を組み入れ、また、適当な意思疎通の補助的及び代替的な形態、手段及び様式の使用並びに障害者を支援するための教育技法及び教材の使用を組み入れるものとする。」

'5. States Parties shall ensure that persons with disabilities are able to access general tertiary education, vocational training, adult education and lifelong learning without discrimination and on an equal basis with others. To this end, States Parties shall ensure that reasonable accommodation is provided to persons with disabilities.'

「5. 締約国は、障害者が、差別なしに、かつ、他の者との平等を基礎として、一般的な高等教育、職業訓練、成人教育及び生涯学習を享受することができることを確保する。このため、締約国は、合理的配慮が障害者に提供されることを確保する。」

（2）インクルーシブとは

　インクルーシブ（inclusive）は、「包含」「包摂」を意味するインクルージョン（inclusion）の形容詞形であり、「排除」を意味するエクスクルージョン（exclusion）の反対形である。これまでの社会のあり方を考え、排除されてきた人の居場所が確保され、参加できるようにとの願いや共に生きようとする願いがこめられている（津田、2011）。

　インクルーシブな社会や学校教育を創造していくことやその過程を大切にしていくことが教員にとって重要であると考えられる。

　また、「合理的配慮」は、個々の児童生徒が必要とする「権利の確保のために必要・適当な調整」であり、本人の要請によるところが重視される。そのため、学校教育で作成される「個別の指導計画」で教員が把握する児童・生徒の教育的ニーズとは異なると考えられる。

　特別支援教育においては、特別支援学校学習指導要領において、個別の教育支援計画や個別の指導計画の策定が示されているが、"Nothing About Us WithoutUs"「私たちのことを、私たち抜きにきめないで」という障害者の権利に関する条約の策定までの経緯を踏まえると、本人の要請や希望を大切にしていく必要があろう。

　津田（2011）は、インクルージョンの捉え方を図2-5のように示している。「障害がある」「障害がない」、「男性」「女性」といった二分法ではなく、一人ひとりの人格を大切にした「人格優位の人間把握」をした上で、「合理的配慮」がなされた場合、真の意味での「インクルージョン」であると説いている。

第2章　障害児教育〜特別支援教育〜インクルーシブ教育システム

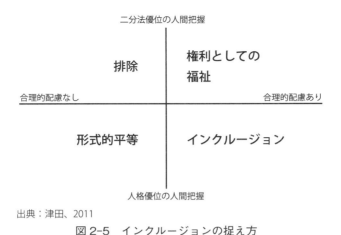

出典：津田、2011
図2-5　インクルージョンの捉え方

8. 特別支援教育からインクルーシブ教育システムへ

(1) 日本におけるインクルーシブ教育システムの方向性

　中央教育審議会（2012）は「共生社会の形成に向けたインクルーシブ教育システム構築のための特別支援教育の推進（初等中等教育分科会報告）」は、障害者の権利に関する条約の批准の動向を踏まえ以下の内容を示している。
「1. 共生社会の形成に向けたインクルーシブ教育システムの構築について
　2. 就学相談・就学先決定の在り方について
　3. 合理的配慮の充実とその基盤となる教育環境整備等について
　4. 多様な学びの場の整備と学校間連携等の推進について
　5. 教職員の専門性向上等について」

　ここでは、まず、インクルーシブ教育システムの基本的な方向性として、「障害のある子どもと障害のない子どもが、できるだけ同じ場で共に学ぶことを目指すべきであり、その場合には、それぞれの子どもが、授業内

容が分かり学習活動に参加している実感・達成感を持ちながら、充実した時間を過ごしつつ、生きる力を身に付けていけるかどうかが本質的な視点であり、そのための環境整備が必要である。」としている。尚、就学相談・就学先決定の在り方については、文部科学省（2013）の「学校教育法施行令の一部改正について（通知）」において、障害のある児童生徒等の就学手続について、市町村の教育委員会が、障害の状態教育上必要な支援の内容、地域における教育の体制の整備の状況その他の事情を勘案して、総合的な観点から就学先を決定する仕組みとなっている。

（2）スクールクラスター

　同報告においては、域内の教育資源の組合せ（スクールクラスター）についても言及している。

　「支援地域内の教育資源（幼、小、中、高、特別支援学校、特別支援学級、通級指導教室）それぞれの単体だけでは、そこに住んでいる子ども一人一人の教育的ニーズに応えることは難しい。こうした域内の教育資源の組合せ（スクールクラスター）により域内のすべての子ども一人一人の教育的ニーズに応え、各地域におけるインクルーシブ教育システムを構築することが考えられる。その際、交流及び共同学習の推進や特別支援学校のセンター的機能の活用が効果的である。また、特別支援学校は、都道府県教育委員会に設置義務が、小・中学校は市町村教育委員会に設置義務があることから、両者の連携の円滑化を図るための仕組みを検討していく必要がある。」としている。英国の"Education Village"について、前述したが、そのシステムをより、広域で行うイメージとしても考えられる。

第2章　障害児教育〜特別支援教育〜インクルーシブ教育システム

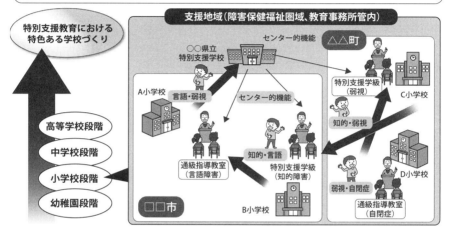

出典：中央教育審議会（2012）は「共生社会の形成に向けたインクルーシブ教育システム構築のための特別支援教育の推進（初等中等教育分科会報告）」

図2-6　スクールクラスター

　同報告においては、基礎的環境整備と合理的配慮を主要な概念として説明している。

（3）合理的配慮
　「文部科学省所管事業分野における障害を理由とする差別の解消の推進に関する対応指針」（文部科学省、2015）は、「合理的配慮」について、次のように示している。尚、項目立ては、筆者による。
1）合理的配慮への努力
　「関係事業者は、その事業を行うに当たり、障害者から現に社会的障壁

の除去を必要としている旨の意思の表明があった場合において、その実施に伴う負担が過重でないときは、障害者の権利利益を侵害することとならないよう、当該障害者の性別、年齢及び障害の状態に応じて、社会的障壁の除去の実施について必要かつ合理的な配慮（以下「合理的配慮」という。）をするように努めなければならない。」

２）合理的配慮の概念

「合理的配慮は、障害者が受ける制限は、障害のみに起因するものではなく、社会における様々な障壁と相対することによって生ずるものという、いわゆる「社会モデル」の考え方を踏まえたものであり、障害者の権利利益を侵害することとならないよう、障害者が個々の場面において必要としている社会的障壁を除去するための必要かつ合理的な取組であり、その実施に伴う負担が過重でないものである。

合理的配慮は、事業者の事業の目的・内容・機能に照らし、必要とされる範囲で本来の業務に付随するものに限られること、障害者でない者との比較において同等の機会の提供を受けるためのものであること及び事業の目的・内容・機能の本質的な変更には及ばないことに留意する必要がある。」

３）個別性の高さ

「合理的配慮は、障害の特性や社会的障壁の除去が求められる具体的場面や状況に応じて異なり、多様かつ個別性の高いものであり、当該障害者が現に置かれている状況を踏まえ、社会的障壁の除去のための手段及び方法について、過重な負担の基本的な考え方に掲げた要素を考慮し、代替措置の選択も含め、双方の建設的対話による相互理解を通じて、必要かつ合理的な範囲で、柔軟に対応がなされるものである。さらに、合理的配慮の内容は、技術の進展、社会情勢の変化等に応じて変わり得るものである。合理的配慮の提供に当たっては、障害者の性別、年齢、状態等に配慮するものとする。」

4）意思の表明

「意思の表明に当たっては、具体的場面において、社会的障壁の除去に関する配慮を必要としている状況にあることを言語（手話を含む。）のほか、点字、拡大文字、筆談、実物の提示、身振りサイン等による合図、触覚による意思伝達など、障害者が他人とコミュニケーションを図る際に必要な手段（通訳を介するものを含む。）により伝えられる。

また、意思の表明には、障害者からの意思の表明のみでなく、知的障害や精神障害（発達障害を含む。）等により本人の意思の表明が困難な場合には、障害者の家族、介助者、法定代理人その他意思の表明に関わる支援者等、コミュニケーションを支援する者が本人を補佐して行う意思の表明も含む。

なお、意思の表明が困難な障害者が家族やコミュニケーションを支援する者を伴っておらず、本人の意思の表明もコミュニケーションを支援する者が本人を補佐して行う意思の表明も困難であることなどにより、意思の表明がない場合であっても、当該障害者が社会的障壁の除去を必要としていることが明白である場合には、法の趣旨に鑑み、当該障害者に対して適切と思われる配慮を提案するために建設的対話を働きかけるなど、自主的な取組に努めることが望ましい。」

5）合理的配慮の見直し

「合理的配慮は、障害者等の利用を想定して事前に行われる建築物のバリアフリー化、介助者や日常生活・学習活動などの支援を行う支援員等の人的支援、情報アクセシビリティの向上等の環境の整備を基礎として、個々の障害者に対して、その状況に応じて個別に実施される措置である。したがって、各場面における環境の整備の状況により、合理的配慮の内容は異なることとなる。また、障害の状態等が変化することもあるため、特に、障害者との関係性が長期にわたる場合等には、提供する合理的配慮について、適宜、見直しを行うことが重要である。」

6）人間関係と環境整備
　「介助者や支援員等の人的支援に関しては、障害者本人と介助者や支援員等の人間関係や信頼関係の構築・維持が重要であるため、これらの関係も考慮した支援のための環境整備にも留意することが望ましい。また、支援機器の活用により、障害者と関係事業者双方の負担が軽減されることも多くあることから、支援機器の適切な活用についても配慮することが望ましい。」

（4）合理的配慮と基礎的環境整備
　中央教育審議会（2012）は、「障害のある子どもに対する支援については、法令に基づき又は財政措置により、国は全国規模で、都道府県は各都道府県内で、市町村は各市町村内で、教育環境の整備をそれぞれ行う。これらは、『合理的配慮』の基礎となる環境整備であり、それを『基礎的環境整備』と呼ぶこととする。これらの環境整備は、その整備の状況により異なるところではあるが、これらを基に、設置者及び学校が、各学校において、障害のある子どもに対し、その状況に応じて『合理的配慮』を提供するとしている。

図2-7　合理的な配慮と基礎的環境整備

（5）学校教育における合理的配慮の例

　「文部科学省所管事業分野における障害を理由とする差別の解消の推進に関する対応指針」（文部科学省、2015）より、特に、学校教育と関連が深いものを以下に抜粋し、例示する。

１）物理的環境への配慮や人的支援の配慮の具体例
①主として物理的環境への配慮に関するもの
- 「学校、社会教育施設、スポーツ施設、文化施設等において、災害時の警報音、緊急連絡等が聞こえにくい障害者に対し、災害時に関係事業者の管理する施設の職員が直接災害を知らせたり、緊急情報・館内放送を視覚的に受容することができる警報設備・電光表示機器等を用意したりすること。」
- 「管理する施設・敷地内において、車椅子利用者のためにキャスター上げ等の補助をし、又は段差に携帯スロープを渡すこと。」
- 「配架棚の高い所に置かれた図書やパンフレット等を取って渡したり、図書やパンフレット等の位置を分かりやすく伝えたりすること。」
- 「聴覚過敏の児童生徒等のために教室の机・椅子の脚に緩衝材を付けて雑音を軽減する、視覚情報の処理が苦手な児童生徒等のために黒板周りの掲示物等の情報量を減らすなど、個別の事案ごとに特性に応じて教室環境を変更すること。」

②主として人的支援の配慮に関するもの
- 「目的の場所までの案内の際に、障害者の歩行速度に合わせた速度で歩いたり、介助する位置（左右・前後・距離等）について、障害者の希望を聞いたりすること。」
- 「介助等を行う学生（以下「支援学生」という。）、保護者、支援員等の教室への入室、授業や試験でのパソコン入力支援、移動支援、待合室での待機を許可すること。」

2）意思疎通の配慮の具体例

- 「学校、社会教育施設、スポーツ施設、文化施設等において、筆談、要約筆記、読み上げ、手話、点字など多様なコミュニケーション手段や分かりやすい表現を使って説明をするなどの意思疎通の配慮を行うこと。」
- 「情報保障の観点から、見えにくさに応じた情報の提供（聞くことで内容が理解できる説明・資料や、拡大コピー、拡大文字又は点字を用いた資料、遠くのものや動きの速いものなど触ることができないものを確認できる模型や写真等の提供）、聞こえにくさに応じた視覚的な情報の提供、見えにくさと聞こえにくさの両方がある場合に応じた情報の提供（手のひらに文字を書いて伝える等）、知的障害に配慮した情報の提供（伝える内容の要点を筆記する、漢字にルビを振る、単語や文節の区切りに空白を挟んで記述する『分かち書き』にする、なじみのない外来語は避ける等）を行うこと。」
- 「子どもである障害者又は知的障害、発達障害、言語障害等により言葉だけを聞いて理解することや意思疎通が困難な障害者に対し、絵や写真カード、コミュニケーションボード、タブレット端末等のICT機器の活用、視覚的に伝えるための情報の文字化、質問内容を『はい』又は『いいえ』で端的に答えられるようにすることなどにより意思を確認したり、本人の自己選択・自己決定を支援したりすること。」

3）ルール・慣行の柔軟な変更の具体例

- 「他人との接触、多人数の中にいることによる緊張のため、不随意の発声等がある場合、緊張を緩和するため、当該障害者に説明の上、施設の状況に応じて別室を用意すること。」
- 「学校、文化施設等において、板書やスクリーン等がよく見えるように、黒板等に近い席を確保すること。」
- 「入学試験や検定試験において、本人・保護者の希望、障害の状況等を踏まえ、別室での受験、試験時間の延長、点字や拡大文字、音声読み

- 「点字や拡大文字、音声読み上げ機能を使用して学習する児童生徒等のために、授業で使用する教科書や資料、問題文を点訳又は拡大したものやテキストデータを事前に渡すこと。」
- 「聞こえにくさのある児童生徒等に対し、外国語のヒアリングの際に、音質・音量を調整したり、文字による代替問題を用意したりすること。」
- 「知的発達の遅れにより学習内容の習得が困難な児童生徒等に対し、理解の程度に応じて、視覚的に分かりやすい教材を用意すること。」
- 「肢体不自由のある児童生徒等に対し、体育の授業の際に、上・下肢の機能に応じてボール運動におけるボールの大きさや投げる距離を変えたり、走運動における走る距離を短くしたり、スポーツ用車椅子の使用を許可したりすること。」
- 「日常的に医療的ケアを要する児童生徒等に対し、本人が対応可能な場合もあることなどを含め、配慮を要する程度には個人差があることに留意して、医療機関や本人が日常的に支援を受けている介助者等と連携を図り、個々の状態や必要な支援を丁寧に確認し、過剰に活動の制限等をしないようにすること。」
- 「慢性的な病気等のために他の児童生徒等と同じように運動ができない児童生徒等に対し、運動量を軽減したり、代替できる運動を用意したりするなど、病気等の特性を理解し、過度に予防又は排除をすることなく、参加するための工夫をすること。」
- 「治療等のため学習できない期間が生じる児童生徒等に対し、補講を行うなど、学習機会を確保する方法を工夫すること。」
- 「読み・書き等に困難のある児童生徒等のために、授業や試験でのタブレット端末等のICT機器使用を許可したり、筆記に代えて口頭試問による学習評価を行ったりすること。」
- 「発達障害等のため、人前での発表が困難な児童生徒等に対し、代替措

置としてレポートを課したり、発表を録画したもので学習評価を行ったりすること。」
- 「学校生活全般において、適切な対人関係の形成に困難がある児童生徒等のために、能動的な学習活動などにおいてグループを編成する時には、事前に伝えたり、場合によっては本人の意向を確認したりすること。また、こだわりのある児童生徒等のために、話し合いや発表などの場面において、意思を伝えることに時間を要する場合があることを考慮して、時間を十分に確保したり個別に対応したりすること。」

以上は、「文部科学省所管事業分野における障害を理由とする差別の解消の推進に関する対応指針」（文部科学省、2015）より、抜粋したものであるが、児童・生徒一人ひとりの特性が異なるため、児童・生徒の意向を十分聞いたうえで、コミュニケーションを行い、合理的配慮を行っていくことが重要であろう。

同対応指針（文部科学省、2015）においては、学校長の特別支援教育に対する認識やリーダーシップの充実や図2-4に例示したような校内委員会の設置を行うことで、「幼児、児童及び生徒・保護者等からの相談や社会的障壁の除去を必要としている旨の意思の表明を受けた学級担任や特別支援教育コーディネーター等と本人・保護者との対話による合意形成が困難である場合には、校内委員会を含む校内体制への接続が確実に行われるようにし、校長のリーダーシップの下、合意形成に向けた検討を組織的に行うことが必要であること。このような校内体制を用いてもなお合意形成が難しい場合は、設置者である学校法人等が、法的知見を有する専門家等の助言を得るなどしつつ、法の趣旨に即して適切に対応することが必要である」としている。また、「障害を理由とする差別の解消の推進に関する法律」に関する地域住民への理解や啓発において、学校教育が果たす役割の重要性を示唆している。これらの状況を勘案すると、学級担任、特別支援教育コーディネーター、学校長、特別支援教育

に関与する巡回指導員の果たす役割は大きいだろう。

9. 日本の特別支援教育研究及び実践への示唆

　本章においては、障害児教育の萌芽から現代に至るまでのインクルーシブな社会に向けた障害の概念の変遷の描出を試み、障害者の権利に関する条約を取り巻く国内の動向について、概観した。

（1）「障害者差別解消法」にかかる合理的配慮について

　前述したように、児童・生徒一人ひとりの特性が異なるため、児童・生徒の意向を十分聞いたうえで、コミュニケーションを行い、合理的配慮を行っていくことが重要であろう。

　そのためには、児童・生徒とどのように、「人間関係の形成が構築できるか」といった部分は、特に、複数の障害種に対応する特別支援学校の教員にとって求められるものである。なぜなら、障害種や障害特性によって、求められるコミュニケーション方法は、全く異なるためである。

　また。文部科学省（2016）によると「各学校の設置者及び学校は、興味・関心、学習上又は生活上の困難、健康状態等の当該幼児児童生徒の状態把握を行う必要がある。これを踏まえて、設置者及び学校と本人及び保護者により、個別の教育支援計画を作成する中で、発達段階を考慮しつつ、「合理的配慮」の観点を踏まえ、「合理的配慮」について可能な限り合意形成を図った上で決定し、提供されることが望ましく、その内容を個別の教育支援計画に明記することが望ましい。」とされている。今後どのように個別の教育支援計画へ「合理的配慮」について、明記するのか学校内で検討が必要であろう。

（2）特別支援教育研究に関して

　この間の日本の「社会的障壁」に言及する国内法の動向から、特別支

援教育においても「社会モデル」を意識した教育実践や研究方法が今後求められると予測される。

　先に述べた「障害学」の文脈においては、研究成果は、障害者がおかれている状況の変革につながることが前提とされている。研究対象は障害のある子どもではなく、障害のある子どもたちを取り巻く社会のありかたなのである。そのため、当事者参加型研究（participatory research）が重視されている。障害のある子どもたちの生の声を重視するインタビュー調査から示唆が得られるためである。また、コミュニケーションが困難な子どもたちを対象とする場合には、絵画、造形物、写真、ロールプレイイングなど子ども自身が制作した作品を用いた研究方法も考えられる（堀、2014、p.209）。

　例えば、英国障害学会誌である「障害と社会」（Disability & Society）誌に所蔵されている論文の例では、「分離教育からの声――インクルーシヴ教育制度に向けて」において、「障害児の研究も含め、障害者自身の意見と経験を顧みず、健常者が障害について調査し、彼ら／彼女らへの枠組を与えてきた。分離教育の歴史は、その大部分が健常者と専門家の公式な歴史であり、例えば学校の数や種別の変遷や、政策の方針転換の公的な理由づけといったものの記録から構成されているのである」という問題意識のもとに、教育水準、個人的・社会的な解放、経験そのものとしての教育などのテーマについて、障害のある子どもたち本人にインタビュー調査を行うとともに、閉校される特別支援学校であるアダムストン校の閉校前の半期に実施された児童生徒とのプロジェクト、つまり、児童生徒が設計し、制作した「残しておきたい学校の思い出」を綴ったアルバム作りで撮影された写真を分析対象としている（Cook、Swain and French、2001）。

　「エーリッヒ・フロム思想から見る注意欠陥多動性障害と教育における障害化」においては、英国のシックスフォーム・カレッジに在籍する女

子学生が「一般の基準に満たない」と判断され、注意欠陥・多動性障害／注意欠陥・多動症というラベリングのもとに薬物療法の対象になった過程について、本人へのインタビュー調査に基づいた研究がなされている（Veck、2012）。

　筆者らが2016年3月に行った英国調査[1]においても、障害のある子ども本人が描いた絵画の分析や学習計画づくりが本人の参画のもとに行われていた。

　これまでの日本の特別支援教育研究においては、エビデンス・ベースド・アプローチに基づく研究が多くなされてきたが、今後は、障害のある子どもたちが参加する実践やナラティブ・ベースド・アプローチに基づく研究方法も求められるだろう。

＜注＞

1　日本学術振興会：科学研究費助成事業（基盤C）「グレーゾーンの子どもたちの処遇をめぐる社会学的研究―日英の比較を通して―」（研究代表者：原田琢也、研究課題番号：15K04381）による。

＜引用・参考文献＞

Dyson, A.（1997）Social and educational disadvantage; reconnecting special needs education, British Journal of Special Education, 24（4）.

Tina cook; John Swain;Sally French（2001）Voices from Segregated Schooling:towards an inclusive education system,Disability & Society 16（2）, Taylor & Francis.＝ティナ・クック／ジョン・スウェイン／サリー・フレンチ著／高橋眞琴訳「分離教育の場からの声―インクルーシヴ教育制度に向けて―」堀正嗣監訳『ディスアビリティ現象の教育学 イギリス障害学からのアプローチ』現代書館、pp.148-174.

United Nations（2006）Convention on the Rights of Persons with Disabilities

United Nations Educational, Scientificand CulturalOrganization（1994）THE SALAMANCA STATEMENT and FLAMEWORK　FOR ACTION ON SPECIAL NEEDS EDUCATION Adopted　WORLD CONFERENCE　ON　SPECIAL　NEEDS　EDUCATION：ACCESS AND　QUALITY.

WayneVeck（2012）Reflecting on attention-deficient hyperactivity disorder and disablement in education with Eric Fromm, Disability & Society 27（2）, Taylor &

Francis.= ウェイン・ベック著／高橋眞琴訳「エーリッヒ・フロム思想からみる注意欠陥多動性障害と教育における障害化」堀正嗣監訳『ディスアビリティ現象の教育学 イギリス障害学からのアプローチ』現代書館、pp.230-250.

芦田千恵美（1982）「日本近代盲教育史論」『関東教育学会紀要』第9巻、pp.10-24.

外務省（2016）「障害者の権利に関する条約（略称：障害者権利条約）」http://www.mofa.go.jp/mofaj/gaiko/jinken/index_shogaisha.html で閲覧可能（閲覧日：2016年4月4日）．

河合康（2007）「欧米インクルーシヴ教育のインパクト」（2007年日本特殊教育学会企画シンポジウム配布資料）．

学習障害及びこれに類似する学習上の困難を有する児童生徒の指導方法に関する調査研究協力者会議による（1999）「学習障害児に対する指導について（報告）」．

障害のある児童生徒の教材の充実に関する検討会（2013）「障害のある児童生徒の教材の充実について（報告）」．

全国肢体不自由養護学校 PTA 連合会（2007）『結成五十周年記念全肢P連五十年史』．

高橋眞琴・植村要・佐藤貴宣（2016）「視覚障害児のインクルーシブ教育における支援の組織化―視覚障害教育の教材供給における論点整理のために―」『兵庫教育大学　教育実践学論集』pp.93-105（印刷中）．

高橋眞琴・佐藤貴宣（2016）「社会事業としての盲教育の展開―明治・大正期を中心として―」『鳴門教育大学学校教育研究紀要』第30号、pp.1-8.

高橋眞琴・津田英二・久井英輔（2009）「特別な教育的ニーズに関わる支援者の態度形成―英国マンチェスター地区実態調査からの考察―」神戸大学大学院人間発達環境学研究科研究紀要第2巻第2号．

中央教育審議会（1959）「特殊教育の充実振興について」．

中央教育審議会（2005）「特別支援教育を推進するための制度の在り方について（答申）」．

中央教育審議会（2012）「共生社会の形成に向けたインクルーシブ教育システム構築のための特別支援教育の推進（初等中等教育分科会報告）」．

津田英二監修　神戸大学大学院人間発達環境学研究科ヒューマン・コミュニティ創成研究センター障害共生支援部門編（2011）『インクルーシブな社会をめざして：共に生きるとはどういうことか』．

特別支援教育の在り方に関する調査研究協力者会（2003）「今後の特別支援教育の在り方について（最終報告）」．

21世紀の特殊教育の在り方に関する調査研究協力者会議（2001）「21世紀の特殊教育の在り方について（最終報告）」．

藤田有希枝・高橋眞琴（2011）「Person-Centered-Planning の視点を活用した『個別の支援計画』の策定に関する研究：アメリカ・カリフォルニア州の実践事例調査から」『2011年度兵庫自治学会発表論文集』．

村田茂（1997）『日本の肢体不自由教育―その歴史的発展と展望』慶應義塾大学出版会．

文部省（1978）『特殊教育百年史』東洋館出版社．
文部省（1992）『学制 120 年史』ぎょうせい．
文部科学省（2007）「特別支援教育の推進について（19 文科初第 125 号）」．
文部科学省（2009）『特別支援学校幼稚部教育要領　小学部・中学部学習指導要領　高等部学習指導要領（平成 21 年 3 月告示）』海文堂出版、p.46.
文部科学省（2013）「学校教育法施行令の一部改正について（通知）」．
文部科学省（2015）「文部科学省所管事業分野における障害を理由とする差別の解消の推進に関する対応指針（27 文科初第 1058 号）」．

第3章

特別支援学校の在籍者増と複数の障害種に対応する特別支援学校の教員の専門性

本章においては、現在の日本の特別支援教育の課題ともなっている特別支援学校の在籍者増の傾向と複数の障害種に対応する特別支援学校における教員の専門性について、実際に複数の障害種に対応する特別支援学校の教員の意見や実践を参考にすることで、論点整理を行っていきたい。

1．特別支援学校の在籍者の傾向

　文部科学省の「平成27年度学校基本調査」によると、特別支援学校在学者数（幼稚部〜高等部計）は特別支援教育の実施前の2004年度は98,796人だったのが、特別支援教育が施行された2007年度は、108,173人、2014年度は、135,617人と過去最高を更新している。

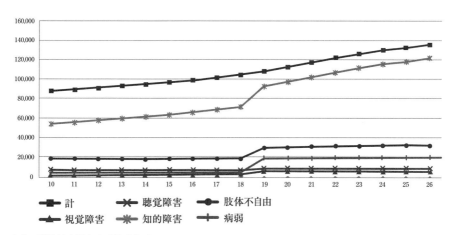

出典：学校基本調査より筆者作成
図3-1 特別支援学校の障害種別在籍者数の推移

　特別支援学校には、医療的ケアが必要な重度・重複障害のある児童・生徒も在籍している。文部科学省（2014）の「平成26年度特別支援学校等における医療的ケアに関する調査結果」によると公立の特別支援学校に

おいて、日常的に、医療的ケアを必要とする幼児児童生徒数は 7,774 人であり、全在籍者に占める割合は5.9％となっている。

2．特別支援学校施設整備指針

　特別支援学校の在籍者の増加に関連して、特別支援学校における施設や学習環境のあり方について、定めた指針がある。

　文部科学省では、「特別支援学校施設整備指針」（平成 21 年改正）を定めている。この指針は、「はじめに」「第 1 章　総則」「第 2 章　施設計画」「第 3 章　平面計画」「第 4 章　各室計画」「第 5 章　詳細設計」「第 6 章　屋外計画」「第 7 章　構造設計」「第 8 章　設備設計」「第 9 章　防犯計画」からなる。

　第 1 章総則の第 1 節「特別支援学校施設整備の基本的方針」の「1　特別支援教育を推進するための施設環境の整備」では、特別支援学校の施設整備について解説されている。「障害の重度・重複化、多様化等の動向を十分踏まえつつ、障害のある幼児児童生徒の一人一人の教育的ニーズに対応した指導・支援を考慮した施設環境づくりを基本とすることが重要である。」「地域において特別支援教育を推進する体制を整備していく上で、特別支援学校が中核的な役割を果たすことができるような施設環境づくりを基本とすることが重要である。」と述べられている。

　「2　高機能かつ多機能で変化に対応し得る施設環境の整備」の部分では、「一人一人の幼児児童生徒の障害の状態及び、発達の段階や特性等に応じた指導内容・方法が十分に展開でき、個別又は多様な集団編成等による自立活動等の学習指導やそれらを支援する様々な教育機器等の導入などを可能とする高機能かつ多機能な施設環境を確保することが重要である。」「幼児に対する遊びを通した柔軟な指導、中・高等部の職業教育、及び重複障害のある幼児児童生徒の基本的生活習慣の指導への対応など

を図るとともに、今後の学校教育や情報化の進展等に長期にわたり対応することのできるような柔軟な計画とすることが重要である。」「肢体不自由又は病弱に対応した施設」として、「入院生活等を伴う幼児児童生徒については、様々な生活体験を可能とする施設環境を整えることが重要である。」と述べられている。

「3　健康的かつ安全で豊かな施設環境の確保」においては、「幼児児童生徒の障害の状態や特性等に配慮しつつ、その健康の保持増進に配慮した快適な空間とするとともに、十分な防災性、防犯性など安全性を備えた安心感のある施設環境を形成することが重要である。」と安全性に対する言及や「幼児児童生徒がゆとりと潤いをもって学校生活を送ることができ、他者との関わりの中で豊かな人間性を育成することができるよう、生活の場として快適な居場所を計画することが重要である。」と学校内での人間関係の形成についての言及も見られる。

第2節「特別支援学校施設整備の課題への対応」においても、「障害の重度・重複化等の動向や、複数の障害への対応状況を十分に考慮し、利用する幼児児童生徒にとって支障のない計画とすることが重要である。」と肢体不自由教育、重度・重複障害に関連する言及がみられる。

このような「特別支援学校施設整備指針」に沿って、特別支援学校の設置者である国、地方公共団体、学校法人が障害のある幼児児童生徒の一人ひとりの障害の状態や特性、発達の状況に応じた「学校」を設置、運営していくのであるが、学校の設置内容と共に、学校内での教育活動を展開する教員の専門性についても検討をしていく必要があろう。

3．チームとしての学校

全国特別支援学校長会（2015）「チームとしての学校のあり方と今後の改善方策について」（チームとしての学校・教職員の在り方に関する作業

部会中間まとめ）に対する意見では、「学校がチームとして機能するためには、校長がリーダーシップを発揮することが重要」であり、「校長が、学校の長として」「学校の教育ビジョンを示し、教職員と意識や取組の方向性の共有を図ることが必要である」とし、「校長が、自らの示す学校の教育ビジョンの下で、リーダーシップを発揮した学校運営を実現できるよう、学校の裁量拡大を進めていく」ことも重要であるとしている。

また、特別支援学校における小学部、中学部、高等部と3学部を設置する学校や複数の障害教育部門を併置する学校や教職員が100名以上を超す管理スパンの学校についても言及し、学校の組織力を向上させるには、副校長の複数配置や部門ごとの主幹教諭を配置するなどの拡充が必要であると示唆している。複数の障害種に対応する特別支援学校においては、組織における人的な配置の検討が不可欠であるということである。

4．地方公共団体における複数の障害種に対応する特別支援学校

ここでは地方公共団体における複数の障害種に対応する特別支援学校について概観しておく。

表3-1　複数の障害種に対応する特別支援学校（知肢併置）の在籍者の状況

	児童・生徒数	うち知的障害	うち肢体不自由
東京都立永福学園	362	285	77
神奈川県三ツ境養護学校	218	127	91
神奈川県金沢養護学校	257	219	38
神奈川県中原養護学校	134	51	83
神奈川県麻生養護学校	283	227	56
静岡県浜北特別支援学校	259	232	27
大阪府堺支援学校	207	63	144
岡山県岡山東支援学校	227	169	58

出典：神戸市における特別支援学校整備の在り方懇話会　第5回（2011年11月21日）資料5

表3-1は、複数の障害種に対応する特別支援学校（知的障害と肢体不自由の併置、以下知肢併置と略記）の在籍者の状況であるが、学校によって知的障害と肢体不自由のバランスが異なることがみてとれる。このようなバランスによっても学校の設備内容や人的配置は異なってくることが容易に予測できる。

　京都市においては、特別支援教育体制になる前の2004年から、先駆的に、総合養護学校を開校している。障害種別の教育から、一人ひとりのニーズに応じた教育に転換し、地域の障害のある子どもや保護者等、幅広い教育的ニーズに応じ、小学校・中学校教育への支援についても組織的に行っている。筆者も総合支援学校に複数回赴いたことがあるが、複数の障害種別の児童・生徒や放課後支援にも対応していた。

　兵庫県、神戸市においては、特別支援学校在籍者の増加傾向がみられ、特に、知的障害のある児童・生徒の在籍者の増加が顕著となっている。例えば、兵庫県においては、2005年度の特別支援学校の知的障害のある児童・生徒の在籍者数は、2,613名であったのが、2013年度は4,039名となっている。政令指定都市である神戸市においても、2005年度の特別支援学校の知的障害のある児童・生徒の在籍者数は、388名であったのが、2014年度は687名となっている。神戸市においては、2025年に、知的障害のある児童・生徒数が最大になると試算しており（神戸市における特別支援学校整備の在り方懇話会、2012）、複数の障害種別に対応する特別支援学校の設置が進められている。

5. 複数の障害種に対応する特別支援学校の教員の専門性に関連する研究

　教員は、所属する特別支援学校を取り巻く現況を踏まえ、特別支援学校における課題をどのように捉えているのであろうか。施設環境の整備

と併せ、所属する特別支援学校内の課題の解決に向けて、省察的実践を行うことは、教員の専門性として、今後、重要な事柄であると考えられる。ドナルド・A・ショーン（1983）は、実践の状況において発揮する対応能力が習得される過程を「省察的実践（reflective practice）」と呼んだ。永井（2015、pp.92-93）は、ショーンの「省察的実践」において、「行為内省察（reflection-in-action）は、行為する現在（action-present）」において、実践と同時に行われるもので、行為知が実践状況の中でどのように作用するかを試しながら解決策を探る省察的な語らい（reflective conversation）が存在する」と述べている。

　太田（2001）は、知的障害のある子どもの教育を担当する教師に求められる専門性について、①感性豊かな人権意識と責任感、②ニーズに即した学校生活の実現、③子どもの特徴と支援ニーズの理解、④指導法・支援方法の妥当な実施、⑤学校外の動向・人々への関心と連携の５項目を挙げ、子どもが求めている学校生活への支援を細やかに実行できる知識・技能が求められていること及び具体的支援策を導くことが専門性の要であるとしている。

　斉藤他（2013、p.67）は、重複障害教育に携わる教員の専門性について、複数の異なる障害種別の学校を勤務した教員にインタビュー調査を行ったが、「重複障害教育に係る知識・技術に関する専門性を積み上げるのみならず、自身の子ども観・障害観・教育観について省察的に理解や信念を深め、現状をよりよい方向へ導こうとするアクションを続けている」ことを示唆している。

　山中・吉利（2010、pp.44-45）は、教育職員免許状認定講習の受講者を対象としたアンケート調査を行った。調査においては、特別支援教育において重要とする専門性では、１位が「児童・生徒の理解力」、２位が「個に応じた授業の実践力」、３位が「様々な障害に関する特性の理解」として、あげられている。しかしながら、「免許状認定（所定の単位数）の内容を

学ぶことで、学校現場の課題に対応できると思う。」の項目は、「そう思う」「どちらかというとそう思う」と肯定的な回答を行った教員は、35.3％であるのに対し、「どちらかといえばそう思わない」「そう思わない」と否定的な回答を行った教員は、30.7％、残りの教員は「どちらともいえない」と回答している。講習や研修は、特別支援教育の概要に関する知識を得るには、有益ではあるが、決して、十分とは言い難いことを示している。

　高橋（2013）は、保護者の求める専門性と教員が考える専門性に乖離がみられたことや「障害のある人が社会において、どのように考えられているか」といった視点をもちつつ、教育を行っていくことの重要性を示している。

　現在、各地方公共団体は、前述した中央教育審議会（2012）が示す「インクルーシブ教育システムの構築」に、向け、施策を進めていることや2014年の「障害者の権利に関する条約」の発効に伴う特別支援学校における合理的配慮や基礎的環境整備の検討、「障害者差別解消法」の施行を伴う対応要領の作成など、特別支援学校の教員に求められる専門性も日々多様化しているといえる。

　一般的に、教育に携わる教員には、「教育を行う上の使命感」「子どもたちの発達や成長に対する深い理解」「子どもたちを大切にして、愛情をもって、教育を行うこと」「教育を行う上の専門的知識、技能、態度」が、不可欠であるといわれているが、特に、特別支援教育においては、通常学校で勤務する教員の専門性に加えて、障害をはじめとする特別な教育的ニーズを要する子どもたちや家族の心情を理解することや障害のある子どもの保護者の心情に寄り添い、保護者や地域、関係機関とも連携して教育を行っていく必要がある（高橋、2013）。行為知が実践状況の中でどのように作用するかを試しながら解決策を探る省察的な語らい（reflective conversation）を繰り返しながら、教育に携わることが不可欠であろう。

6. 英国における複数の障害種に対応する教育システム
ー 特別支援学校から通常学校へー

　日本においては、特別支援学校の在籍者増に伴い、複数の障害種に対応する学校の設置が検討されているが、それでは、特別な教育的ニーズの概念による教育が先行されている英国では、どうであろうか。筆者らの調査研究について示すこととする。

(1) マンチェスター地区のα特別支援学校の取り組み
1) 学校の概要
　本節では、まず、高橋・津田・久井（2009）でのα特別支援学校の実践を取り上げる。

　英国のSpecial School（日本でいう「特別支援学校」）の一つであるマンチェスター地区のα特別支援学校においては、在籍児童2歳から11歳までで、10ユニットあり、全校児童数は91名であった。1クラスに1人の正規教師と2人以上のTA（Teaching Assistants、以下、TAと略記）が配置されている。全部で教員12名、TA30名が勤務している。この学校では、幼児・児童全員のIEP (Individual Educational Plans、以下IEPと略記)が作成され、2歳児からの超早期教育が行われている。障害種別による学校ではなく、学校の中で、「自閉症」「情緒障害」「宗教」「重度・重複障害」などのSEN（Special Educational Needs、以下SENと略記）によるユニット分けされたクラス編成がなされている。

　IEPの個別の目標については、壁面にサインアンドシンボルズで掲示され、毎日の幼児・児童の行動観察記録が行われ、週単位で達成度を記載し個人ファイルに保管されている。また、教育活動全般がTEACCH (Treatment and Education of Autistic and related Communication handicapped Children) プログラムやPECS（Picture Exchange Communication System）に

よって構造化されている（メジホフ、ハフリー、2006）。インクルーシブ教育の目標達成のために、教員全員で実践を行っている。

　また、医療との連携も充実しており、医師、看護師、理学療法士、作業療法士、言語聴覚士が、毎日、日替わりで、学校の相談室で勤務している。

２）ユニットでの教育内容

　「自閉症」「情緒障害」「宗教」「重度・重複障害」などの SEN の状況によってユニット分けされたクラスでのグループワークが中心に行われており、教室全体の掲示物が視覚的に構造化され、電子黒板がすべてのクラスに設置されている。IEP におけるターゲットが視覚的に構造化され、教室に掲示されている。学習活動や教材教具、座位保持装置や歩行器などは、意外と日本の特別支援学校のものに類似していたが、異なるのが、毎日、児童の IEP におけるターゲットの達成度を教員がチェックしているところである。各クラスにおいては、それぞれの児童の特性に応じた指導がなされていて、自閉症では PECS や TEACCH プログラムを用いた指導や、情緒障害では部屋の内部の照明を落とした指導、重度・重複障害では座位保持装置に着席しての造形活動が行われていた。「終わりの会」では、曜日ごとに、部屋の絨毯、キャンドルの色、フレグランスを変化させるといった細やかな環境設定がなされている。

３）SEN のある児童のインクルーシブ教育

　この学校におけるインクルーシブ教育の実践例としては、「地域コミュニティにおける活動」「通常のプライマリースクールにおいての授業交流」「学校間交流（相互訪問）」「学校内交流（クラス間）」があげられる。これらの実践は 'INCLUSION' という題名で学校の玄関横に大きくスペースが取られ、写真入りの解説が入った掲示がされている。

　まず、「地域コミュニティにおける活動」では、特別学校の児童と地域住民がプール、図書館での活動を共にすることや、スーパーマーケットでの買い物の活動を共にすることなどで、相互理解を図っているのである。

全員が参加対象で、主にレクリエーション活動の位置づけである。

「通常のプライマリースクールにおいての授業交流」では、在籍児童91名のうち17名が、週に1回1時間の交流に参加しており、この17名は、教育的効果が見込まれる児童を対象としている。交流を行う中で、通常学校の生活に慣れて、転校していった児童もいる。

但し、重度・重複障害を有する子どもたちは、この授業交流の対象には入っていなかったようである。特別学校におけるスモールステップの教育を受け、IEPにおける一定の達成度の評価を得ることができた児童のみ、交流活動に参加できるのではないかと推測される。プライマリースクールの児童を特別学校に招待するといったイベントも行われている。IT指導による遠隔学校間交流では、近隣のプライマリースクールにそれぞれの児童のバディがいて、e-mailで学校や家庭での生活の様子や地域でのスポーツ活動について情報交換を行っている。「学校間交流（クラス間）」は、多様なSENのある児童が、クラス間交流を通して、一緒に学ぶといった形の交流活動を指している、これらの実践例も個人単位の写真入りの解説で掲示がされ、在籍児童全体に紹介されている。

（2）ロンドン地区のコミュニティスクール（通常学校）における実践
1）学校の概要

筆者らは2016年3月にもロンドンに所在するβコミュニティスクール（通常学校）で調査を行った[1]。当該校には、11歳〜16歳の日本の中学校の年齢に近い子どもたちが通学している。全校生徒は、400名であり、様々な国籍の生徒が通学しており、35以上の言語が話され、多様性に富む学校である。

学校内は、工学棟、語学棟、健康棟、芸術棟といった形で、学問領域ごとに棟が設置されており、生徒は、それぞれの棟に赴いて学習を行う。SEN（Special Educational Needs）のサポートを必要とする生徒のために、

中心的なリソースとなる棟も設置されている。2016年3月時点でSENとして登録されている生徒は、148名である。

　学校には、理学療法士、作業療法士、教員、社会福祉に関連するスタッフ、心理系スタッフが常勤スタッフとして勤務している。したがって、理学療法のプログラムや作業療法、音楽療法などのプログラムも多く存在する。

　第2章において述べた、英国のSpecial Educational Needsであるが、2014年よりSEND code of practiceに変更になっている。SENとDisabilityの概念は以下のように示される（翻訳は筆者）。

➢ SEN　特別な教育的手だてを要する学習障害で、特別な教育的ニーズのある子どもまたは若者
➢ Disability　長期にわたる身体的または心理的障害で、日常的な活動で実行される能力に影響を及ぼすもの

　第2章で前述したSchool ActionとSchool Action Plusは、"SEN Support"に名称を変更し、Educational Health and Care Plans（以下、EHCPと略記）に枠組を変更している。

　EHCPにおいては、IEPに替わるものとして、Student-Centered-Planningが実行されており、本人、保護者、学校の常勤スタッフである教員、理学療法士、作業療法士、教員、社会福祉に関連するスタッフ、心理系スタッフが参画した上で、計画づくりが実現している。

　βコミュニティスクール（通常学校）に在籍している生徒の障害種は表3-2の通りである。

表 3-2　Four Areas of Need

Communication and Interaction	
Speech,language and communications needs	SLCN
Autistic Spectrum Disorder	ASD
Cognition and Learning	
Specific learning Difficulties	SpLD
Moderate Learning Difficulties	MLD
Severe learning difficulties	SLD
Profound and Multiple learning difficulties	PMLD
Social, Emotional and Mental Health	SEMH
Attention Deficit Disorder	ADD
Attention Deficit Hyperactivity Disorder	ADHD
Attachment Disorder	AD
Also students who are isolated, withdrawn or displaying challenging behavior	
Sensory andior Physical Needs	
Hearing and Visual impairment	HI or VI
Physical Disability	PD
Multi-Sensory impairment	MSI
Also students who are isolated withdrawn or displaying challenging behavior	

出典：the 2014 Code of Practice より筆者作成

　この表からは、日本における重度・重複障害、発達障害、聴覚障害、視覚障害、肢体不自由、知的障害以外にも、愛着障害や孤独になっている生徒も含まれていることがわかる。

2）学習形態

　基本的に、教科学習を行う棟に赴いて学習を行う。その際に複数の障害種に同時に対応している。図3-2は、同室で実施された数学授業の際の、

MLDの生徒の学習内容とPMLDの生徒の学習内容である。

　学習は、少人数制のグループ学習であり、中程度の学習障害の生徒5名には、教員1名、TA1名、重度・重複障害の生徒には、マンツーマンで教員がついていた。例えば、数の概念を取り扱う内容の授業では、障害の程度に応じて、問題を変更して、同時進行で授業を行っている様子が見られた。

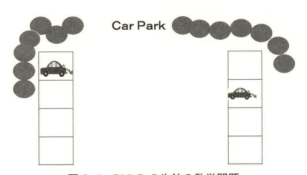

Here is part of a train timetable from Swindon to London

Swindon	06:10	06:27	06:41	06:58	07:01	07:17	07:28
Didcot	06:27	06:45	06:58		7:18		07:45
Reading	06:41	06:59	07:13	07:28	07:33	07:43	08:00
London	07:16	07:32	07:44	08:02	08:07	08:14	08:33

(a) How long should the 06:58 train from Swindon take to get to London.

Clare says,
"All these trains take more than one hour to get from Swindon to London"
(b) Is Clare correct?
　You must reason for your answer.

図3-3　MLDの生徒の数学問題

図3-4　PMLDの生徒の数学問題

3）学習教材

　図3-5は、学習障害（特に、書字障害）の生徒のための5分間テストの教材セットである。授業前の5分間で、単語のマッチングや適語補充

第3章　特別支援学校の在籍者増と複数の障害種に対応する特別支援学校の教員の専門性

の筆記を子どもに応じて実施することで、単語のスペリングの書字を定着する目的があるということであった。5分間テストの内容は、毎回の授業毎のものをチェックしており、成績の推移を確認しているが、確実に成績は上昇しているとのことであった。

図3-5　学習障害の生徒のための5分間テスト

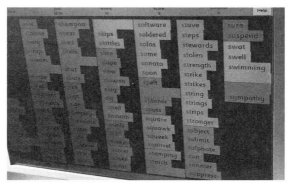

図3-6　学習障害の生徒のためのPC教材

図3-6は、学習障害の生徒のためのPC教材である。アルファベット順にスクリーン上にある単語をドラッグ・アンド・ドロップすることで、並べ替えるタイプの教材となっている。

　　図3-7　センソリールームの様子　　　図3-8　重度・重複障害、肢体不自由の
　　　　　　　　　　　　　　　　　　　　　　　　生徒のための器具

　図3-7は、センソリールームの様子である。ロンドン地区のこの地域の小中学校には、このようなセンソリールームやスヌーズレン機器など感覚に働きかける教材が必ず設置されており、SENのある子どもたちが利用していた。

　図3-8は、重度・重複障害や肢体不自由のある生徒のための移動やリハビリテーションの器具であり、日本の特別支援学校においてもよく見られるが、通常学校であるβコミュニティスクールで取り扱われており、理学療法、言語療法、作業療法、音楽療法がワンストップでなされている。

4）周囲の生徒との人間関係の形成について

　βコミュニティスクール（通常学校）においては、例えば、ディスカッ

ションの授業では、重度・重複障害のある生徒にバディがついて、水分摂取や簡単な移動支援を行っていた。

　昼食前に、全校生徒のそれぞれが所属するバディグループで各教室に集合し、サマースクールなどの活動計画を担当教員と立てる取り組みも行われている。もちろん、重度・重複障害のある生徒やSENのある生徒も所属している。バディグループ専用のファイルがあり、計画を立てるとシールを貼るようになっている。ファイルは、保護者が確認するようになっている。

　ランチタイムは、障害やSENの有無にかかわらず、カフェテリアで食事をする。介助ありで、摂食を行っている生徒も経管栄養で食事をしている子どももいて、それぞれのスタイルでランチタイムを過ごしている。

　尚、βコミュニティスクールにおいては、「進路は、障害の有無にかかわらず、全員がカレッジである。」というインフォーマントからの情報提供があった。

5）複数の障害種に対応するための教員研修システム

　βコミュニティスクールの特別支援教育コーディネーターに確認したところ、「複数の障害種に対応するための教員システムとして多く利用されているのが'OSIRIS EDUCATIONAL'[2]というシステムであり、webサイトで教員研修コースや研究発表リソースを閲覧することが可能である。」ということであった。

　このように、ロンドンをはじめとする英国においては、教員の研修システムが充実しており、教員各自がこのようなシステムを利用して、研鑽を積んでいる様子がうかがえる。

（3）日本の特別支援学校への示唆

　日本の特別支援学校は、従来、知的障害、肢体不自由、病弱、聴覚障害、視覚障害などの障害種別による学校区分になっており、特別支援教育の施

行に伴い、全障害種別の児童・生徒の受け入れも行われるようになった。最近においては、特別支援学校の在籍者増に伴い、複数の障害種に対応する特別支援学校の設置が検討されている。

　日本においても、学校での設備面の充実や環境設定、教師の専門性が望まれるところである。α 特別支援学校では、一つの学校内で、SEN に基づくユニット分けされたクラス編成がなされ、各ユニットでは環境設定及び SEN の特性に応じた専門性の高い教育がなされている印象を受けた。IEP の目標に対する到達度チェックは徹底しており、児童は、毎日「あなたの目標はこれです。」と教員から提示され、児童は目標を復唱していた。週ごとに目標の到達度がチェックされ個人ファイルで更新されている。これらの書類の整理は金曜日の午後に行われている。教員の週ごとの行動計画も細かく設定され、教室に掲示されていた。日本において、ここまで徹底した実践がなされている学校は、必ずしも多いとはいえないだろう。地域住民との交流や地域の小学校にバディがいて、e-mail で学校や家庭での生活の様子や地域でのスポーツ活動について情報交換を行っていた。

　ロンドンの β コミュニティスクール（通常学校）においては、SEN や障害のある生徒も完全にメインストリームの学校で、インクルーシブな状態で、学ぶことが実現できている。この地区においては、日本の特別支援学校とは逆の方向で、特別支援学校を閉鎖しつつある。多言語、多国籍に加え、複数の種類の障害種の生徒も学習しており、β コミュニティスクールで取り扱われており、ソーシャルワークや理学療法、言語療法、作業療法、音楽療法がワンストップでなされている。

　日本の特別支援教育においては、「関係諸機関の連携」という用語があるが、学校教育は、教員だけで担わず、専門職が対等な立場で常勤スタッフとして勤務することで、SEN や障害のある子どもたちがワンストップで支援を受けることができる。IEP に替わるものとして、EHCP におい

ては、IEP に替わるものとして、Student Centered Planning が実行されており、本人、保護者、学校の常勤スタッフである教員、理学療法士、作業療法士、教員、社会福祉に関連するスタッフ、心理系スタッフが参画した上で、計画づくりが実現している。

　日本においても、今後、このようなタイプのコミュニティスクールの設置について、検討してもいいのではないだろうか。

＜注＞
1　日本学術振興会：科学研究費助成事業（基盤 C）「グレーゾーンの子どもたちの処遇をめぐる社会学的研究―日英の比較を通して―」（研究代表者：原田琢也、研究課題番号：15K04381）による。
2　OSIRIS EDUCATIONAL は、http://osiriseducational.co.uk/ でアクセス可能である（閲覧日：2016 年 4 月 4 日）。

＜引用・参考文献＞
太田俊己著・文部科学省初等中等教育局特別支援教育課編（2001）「知的障害教育担当教員に求められる専門性」『特別支援教育』No.3、pp.17-20、東洋館出版社 .
神戸市教育委員会『神戸の教育 平成 26 年度』http://www.city.kobe.lg.jp/child/education/children/img/kobenokyoiku26.pdf　で閲覧可能（閲覧日：2015 年 3 月 24 日）．
神戸市における特別支援学校の整備の在り方懇話会（2012）「神戸市における今後の特別支援学校の整備について」http://www.city.kobe.lg.jp/information/committee/education/preservation/tokushi_seibiarikata/img/seibiarikata8-3.pdf で閲覧可能（閲覧日：2015 年 3 月 24 日）．
国立特別支援教育研究所（2010）「肢体不自由のある子どもの教育における教員の専門性向上に関する研究―特別支援学校（肢体不自由）の専門性向上に向けたモデルの提案―」．
齊藤由美子・横尾俊・熊田華恵・大崎博史・松村勘由・笹本健（2014）「重複障害教育に携わる教員の専門性のあり方とその形成過程に関する一考察：複数の異なる障害種別学校を経験した教員へのインタビューを通して」『国立特別支援教育総合研究所研究紀要』第 40 巻、p.67.
全国特別支援学校校長会（2015）「『チームとしての学校のあり方と今後の改善方策について（チームとしての学校・教職員の在り方に関する作業部会中間まとめ）』に対する意見」http://www.zentoku.jp/houkoku/pdf/h27_iken2.pdf　で閲覧可能（閲覧日：2016 年 4 月 6 日）．

Schon,D.A.,The Reflective Practitioner:How Professionals Think in Action New York:Basic Books,1983= 柳沢昌一・三輪建二監訳（2007）『省察的学習とは何か―プロフェッションの行為と思考』鳳書房.

高橋眞琴・津田英二・久井英輔（2009）「特別な教育的ニーズに関わる支援者の態度形成―英国マンチェスター地区実態調査からの考察―」神戸大学大学院人間発達環境学研究科研究紀要第2巻第2号、pp.83-92.

高橋眞琴（2013）「肢体不自由教育における専門性とは（第1報）」『神戸大学大学院人間発達環境学研究科研究紀要』第7巻第1号、pp.207-212.

中央教育審議会（2012）「共生社会の形成に向けたインクルーシブ教育システム構築のための特別支援教育の推進（報告）」.

永井健夫「第5章社会教育・生涯教育の学習論研究」津田英二・久井英輔・鈴木眞理＜編著＞（2015）社会教育・生涯学習のすすめ―社会教育の研究を考える―学文社、2015年.

兵庫県教育委員会『平成25年度　兵庫の特別支援教育』p.15. http://www.hyogo-c.ed.jp/~sho-bo/H25hyogonotokubetusien.pdf で閲覧可能（閲覧日：2016年2月14日）.

文部科学省大臣官房文教施設企画部（平成21年改正）「特別支援学校施設設備整備指針」http://www.mext.go.jp/a_menu/shisetu/seibi/1263048.htm で閲覧可能（閲覧日：2016年2月14日）.

文部科学省（2013）「平成25年度特別支援学校等における医療的ケアに関する調査結果」.

文部科学省（2014）「平成26年度学校基本調査」pp.482-485.

山中ともえ（2015）「東京都の通級における指導について」『特別支援教育研究』東洋館出版社、No.691、pp.53-54.

山中　友紀子・吉利　宗久（2010）「特別支援学校教諭免許状の取得を希望する教員の免許制度に対する意識とニーズ」『岡山大学教育実践総合センター紀要』pp.44-45.

第4章

知肢併置特別支援学校に対応する教員の専門性
～勤務する教員の課題意識をもとに～

前章で述べたように、各地方公共団体は、中央教育審議会（2012）が示す「インクルーシブ教育システムの構築」に、既に着手していることや2014年の「障害者の権利に関する条約」の発効による特別支援学校における合理的配慮や基礎的環境整備の検討、「障害者差別解消法」の施行に伴う対応など特別支援学校の教員に求められる専門性も日々変化しているといえる。
　そこで、本章においては、このような「知肢併置」特別支援学校の教育的課題について、整理を行い、今後の「知肢併置」特別支援学校における教員の専門性に関する示唆を得ることを目的とする。

1．教員へのアンケート調査の実施

(1)　手続き

　2014年12月に、A県の特別支援学校の肢体不自由教育に関連する研究協議会を通じて、「知肢併置特別支援学校における教育実践上の課題と教員の専門性に関するアンケート」という名称の質問紙調査の協力依頼を行った。会員校には、肢体不自由教育特別支援学校以外に、知肢併置特別支援学校も含まれている。2015年1月下旬に、質問紙を会員校14校の所属長あてに、協力可能な教員が回答する形で郵送法にて実施し、2015年2月16日を期限として、質問紙を回収した。尚、回答内容については、学術研究で用いる旨、協力者より了解を得ている。

(2)　質問内容

　主たる質問内容は、①「知肢併置特別支援学校に勤務する上で必要だと思われる専門性について（5択）」、②「知肢併置特別支援学校における専門性を担保するために、受講してみたいと思われる研修について（複数回答）」、③「知肢併置特別支援学校における教育実践上の課題につい

て、自身の考え（記述式）」であった。②の質問項目は、「専門性に関する自己評価シート—肢体不自由教育分野—（北海道肢体不自由特別支援学校用）」を参考に、加筆・修正を加え作成したものである。

（3） 分析方法

① 「知肢併置特別支援学校に勤務する上で必要だと思われる専門性について（5択）については、欠損回答等を除き、百分率で集計を行った。さらに、質問内容をゆるやかなカテゴリーごとにまとめ、表4-1～4-6として示した。

② 「知肢併置特別支援学校における専門性を担保するために、受講してみたいと思われる研修について（複数回答）」についても百分率で集計を行った。

③ 「知肢併置特別支援学校における教育実践上の課題について、自身の考え（記述式）」も得られた内容について、緩やかなカテゴリーごとにまとめた。内容については、完全な文章になっていない回答等、趣旨を損ねない程度に、加筆・修正したものもある。

① ②の集計を百分率で行った理由は、回答者である現職教員の、「集計結果を実際に、教育実践や研修で生かしたい」という要請を受けたからである。

■2．教員へのアンケート調査にみる知肢併置特別支援学校の専門性

回答があった特別支援学校は、14校中7校（50％）で、90名（女性51名、男性39名）の教員から回答を得ることができた。回答者には、管理職1名、主幹教諭5名が含まれる。教員の特別支援教育の平均経験年数は、9.9年であった。

（1） 知肢併置特別支援学校に勤務する上で必要だと思われる専門性について（5択）

1）知肢併置特別支援学校においても、通常学校においても求められる力

表4-1　知肢併置特別支援学校においても、通常学校においても求められる力について

教育活動における具体的な実践内容	強くそう思う	そう思う	どちらかといえばそう	どちらともいえない	どちらかといえば思わない	全くそう思わない
学校経営における計画力	29.2%	48.3%	16.9%	5.6%	0.0%	
学級経営における計画力	52.8%	40.4%	3.4%	3.4%	0.0%	
小・中学校、高等学校で求められる生活指導力	33.7%	44.9%	13.5%	7.9%	0.0%	
地域でのネットワークの形成力	41.6%	43.8%	14.6%	0.0%	0.0%	
省察を行う思考・行動様式	28.9%	61.1%	8.9%	1.1%	0.0%	
コーチングなどの対人関係スキル	47.8%	43.3%	7.8%	1.1%	0.0%	
授業力・実践的指導力	68.5%	30.3%	1.1%	0.0%	0.0%	
保護者の心理に関する知識と技術	61.8%	36.0%	2.2%	0.0%	0.0%	
豊かな人間性	70.8%	25.8%	2.2%	1.1%	0.0%	
小・中学校、高等学校における教科内容学の知識と指導技術	27.0%	57.3%	13.5%	2.2%	0.0%	

　過半数以上の教員が「学級経営における計画力」（52.8%）、「授業力・実践的指導力」（68.5%）、「保護者の心理に関する知識と技術（61.8%）」、「豊かな人間性」（70．8%）を求めていることがみてとれる。知肢併置特別支援学校においては、柔軟な発想や温かく熱意をもって児童・生徒や保護者に接することや幅広い分野の授業力や実践的指導力が必要とされるためではないかと考えられる。

2）特別支援学校における教育を行うにあたって求められる力

表4-2　特別支援学校における教育を行うにあたって求められる力について

教育活動における具体的な実践内容	強くそう思う	どちらかといえばそう思う	どちらともいえない	どちらかといえばそう思わない	全くそう思わない
特別支援教育やインクルーシブ教育システムに関する最新の知見	49.4%	42.7%	7.9%	0.0%	0.0%
教育法規や特別支援学校学習要領に関する知識	36.0%	51.7%	10.1%	2.2%	0.0%
障害種別に応じた教育課程に関する知識と編成力	54.4%	38.9%	5.6%	1.1%	0.0%
教科用図書に関する知識と活用力	9.0%	50.6%	38.2%	2.2%	0.0%
発達障害のある児童生徒の理解と指導技術	67.8%	27.8%	2.2%	1.1%	1.1%
学校内施設の計画力と活用力	17.8%	64.4%	16.7%	1.1%	0.0%
学習環境の構造化に関する知識と活用力	37.1%	51.7%	10.1%	1.1%	0.0%
ICT（コンピュータやインターネットに関連する情報通信技術）の知識と活用力	24.7%	57.3%	16.9%	1.1%	0.0%

　約過半数が、「特別支援教育やインクルーシブ教育システムに関する最新の知見」（49.4%）、「障害種別に応じた教育課程に関する知識と編成力」（54.4%）を「強くそう思う」と回答していた。例えば、「肢体不自由」「知的障害」だけではなく、幅広い障害種別の教育課程の知識や編成力が求められているものと考えられる。「発達障害のある児童生徒の理解と指導技術」については、67.8%と高い値が示されていた。このことは，通常学校から特別支援学校へ入学してくる発達障害のある児童・生徒の存在や特別支援学校の在籍者の増加を受けてのことではないかと考えられる。

3）児童・生徒の卒業後の進路や就労指導で求められる力

表 4-3　卒業後の進路や就労について

教育活動における具体的な実践内容	強くそう思う	どちらかといえばそう思う	どちらともいえない	どちらかといえばそう思わない	全くそう思わない
卒業後の進路先や福祉制度に関する知識	72.2%	23.3%	2.2%	2.2%	0.0%
就労に向けた進路指導の技術と職場開拓能力	60.0%	32.2%	5.6%	2.2%	0.0%

　表 4-3 は、卒業後の進路や就労についてである。「卒業後の進路先や福祉制度に関する知識」（72.2%）、「就労に向けた進路指導の技術と職場開拓能力」（60.0%）と過半数以上の教員が「強くそう思う」と回答していた。知的障害、肢体不自由と幅広い進路先や福祉制度の知識が要求されている現状があるのではないかと考えられる。

4）学校の健康・安全面で求められる力

表 4-4　健康・安全について

教育活動における具体的な実践内容	強くそう思う	どちらかといえばそう思う	どちらともいえない	どちらかといえばそう思わない	全くそう思わない
緊急時の知識と対応力	52.8%	43.8%	2.2%	1.1%	0.0%
学校内の安全に関する知識と指導力	40.4%	53.9%	4.5%	1.1%	0.0%
医療的ケアに関する知識	47.7%	46.6%	5.7%	0.0%	0.0%
医療的ケアに関する技術	35.2%	48.9%	12.5%	2.3%	1.1%
摂食指導に関する知識	52.8%	37.1%	9.0%	1.1%	0.0%
摂食指導に関する技術	47.2%	38.2%	11.2%	2.2%	1.1%

「緊急時の知識と対応力」(52.8%)、「摂食指導に関する知識」(52.8%)について、「強くそう思う」が過半数を超えていた。複数の障害種に対応するために、知識が必要と考えられていると予測される。「医療的ケアに関する知識」も47.7%、摂食指導に関する知識も52.8%と高い値が示されていた。

5）認知コミュニケーション面で求められる力

表4-5 認知コミュニケーションについて

教育活動における具体的な実践内容	強くそう思う	どちらかといえばそう思う	どちらともいえない	どちらかといえばそう思わない	全くそう思わない
言語発達に関する知識と指導力	50.6%	44.9%	4.5%	0.0%	0.0%
認知発達に関する知識と指導力	51.1%	43.2%	5.7%	0.0%	0.0%
AAC（拡大代替コミュニケーション）に関する知識と活用力	37.1%	47.2%	14.6%	1.1%	0.0%
コミュニケーションに関する知識と活用力	60.7%	36.0%	2.2%	1.1%	0.0%
社会性の発達に関する知識と指導力	50.6%	46.1%	3.4%	0.0%	0.0%

認知コミュニケーションについては、「言語発達に関する知識と指導力」(50.6%)、「認知発達に関する知識と指導力」(51.1%)、「コミュニケーションに関する知識と活用力」(60.7%)、「社会性の発達に関する知識と指導力」(50.6%)と過半数の教員が「強くそう思う」と回答していた。知肢併置特別支援学校においては、児童・生徒と直接関わる対人コミュニケーションや児童・生徒の理解が要請されるためではないかと推察される。

6) 運動・感覚面で求められる力

表 4-6 運動・感覚について

教育活動における具体的な実践内容	強くそう思う	どちらかといえばそう思う	どちらともいえない	どちらかといえばそう思わない	全くそう思わない
運動・動作に関する知識と指導力	59.6%	37.1%	3.4%	0.0%	0.0%
感覚に関する知識と指導力	53.9%	40.4%	5.6%	0.0%	0.0%
障害の生理・病理に関する知識	50.6%	43.8%	5.6%	0.0%	0.0%

運動・感覚については、「運動・動作に関する知識と指導力」(59.6%)、「感覚に関する知識と指導力」(53.9%)、「障害の生理・病理に関する知識」(50.6%) と過半数を超えていた。

肢体不自由と知的障害という複数の障害に対応するためには、共通する内容もあるが、求められる内容が一部異なるのではないかと考えられる。

(2) 知肢併置特別支援学校における専門性を担保するために、受講してみたいと思われる研修について

表 4-7 は、知肢併置特別支援学校における専門性を担保するために、受講してみたいと思われる研修である。

回答のうち、40% を超える項目を斜体・太字で示している。

「特別支援教育やインクルーシブ教育システムに関する最新の動向」(46.7%)、「領域・教科を合わせた指導の方法（生活単元学習・作業学習・日常生活の指導・遊びの指導）」(43.3%)、「感覚・運動指導」(42.2%)、「進路指導・就労支援 (42.2%)」、「ソーシャルスキルトレーニング」(41.1%)、「教材の製作と活用」(41.1%) と続いている。

第 4 章　知肢併置特別支援学校に対応する教員の専門性

表 4-7　知肢併置特別支援学校における専門性を担保するために、受講してみたいと思われる研修　　　　　　　　　　　　　　　　　　　　（n=90）

	項目	人数（%）
①	***特別支援教育やインクルーシブ教育システムに関する最新の動向***	***42（46.7%）***
②	障害の生理・病理	31（34.4%）
③	***障害種別に応じた教育課程に関する知識と編成***	***36（40.0%）***
④	個別の教育支援計画・個別の指導計画の策定	31（34.4%）
⑤	安全指導	10（11.1%）
⑥	関係諸機関の連携	15（16.7%）
⑦	心理検査の知識と技術	30（33.3%）
⑧	保護者との相談・家族支援	25（27.8%）
⑨	行動支援	33（36.7%）
⑩	***領域・教科を合わせた指導の方法（生活単元学習・作業学習・日常生活の指導・遊びの指導）***	***39（43.3%）***
⑪	摂食指導	34（37.8%）
⑫	***感覚・運動指導***	***38（42.2%）***
⑬	キャリア教育	34（37.8%）
⑭	***進路指導・就労支援***	***38（42.2%）***
⑮	福祉に関する情報	35（38.9%）
⑯	自己認知	15（16.7%）
⑰	***ソーシャルスキルトレーニング***	***37（41.1%）***
⑱	言語指導	30（33.3%）
⑲	医療的ケア	21（23.3%）
⑳	***教材の製作と活用***	***37（41.1%）***
㉑	ICT の活用	31（34.4%）
㉒	AAC（拡大代替コミュニケーション）	19（21.1%）
㉓	臨床動作法	19（21.1%）
㉔	作業療法	27（30.0%）
㉕	機軸行動発達支援法	8（8.9%）
㉖	TEACCH プログラム	16（17.8%）
㉗	INREAL アプローチ	15（16.7%）
㉘	音楽療法	15（16.7%）
㉙	アートセラピー	13（14.4%）
㉚	その他　　　　　　　　　　　　2（2.2%）　＊具体的記述なし	

・複数回答のため、計 100% にならない。
・質問紙では、英語表示は、省略せず記載。
・回答のうち 40% を超える項目については、斜体・太字で示す。

まず、日々、特別支援学校で教育実践を行っている教員は、在籍者増といった課題に向き合っている。特別支援教育やインクルーシブ教育システム等の教育施策にかかる最新の動向は、常に更新した形で提供されることが望ましい。

　複数の障害種別に対応する特別支援学校においては、個々の児童・生徒に応じた教育課程編成を行っていく必要がある。教育課程を編成するにあたっては、個々の児童・生徒の特性と共に、学校設備や学習環境にも依拠する部分がある。実際に、教育課程編成を行う教員は、教育課程に関する知見を求めている傾向があると推察される。

　「領域・教科を合わせた指導」「感覚・運動指導」「進路指導・就労支援」「ソーシャルスキルトレーニング」「教材の製作と活用」の研修希望が高いように、肢体不自由教育分野、知的障害教育分野の日常の教育実践に直結した研修が志向されている傾向があると推察される。

(3) 知肢併置特別支援学校における教育実践上の課題について

　次に、知肢併置特別支援学校における教育実践上の課題に関する自由記述を取り上げる。実際に勤務する教員の生の意見を今後の参考とすることが大切であるかと思われる。尚、自由記述については、知肢併置特別支援学校の教育実践上の課題において、論点となりうるであろう項目毎にまとめている。

① 知肢併置特別支援学校における教育課程編成で、検討すべき点や課題について

　教員からは、同じ特別支援学校で、知的障害のある児童・生徒と肢体不自由のある児童・生徒の教育課程を編成するに当たって、多様な教育課程を編成することが必要であり、学習集団の編成や教員の配置、知的障害のある児童・生徒と肢体不自由のある児童・生徒が共に学習する機会の設定、身体面・安全面への配慮についての課題があげられた。また、

教育を行うにあたっては、複数の障害種に対応可能な専門性の向上についても示唆された。

教育課程の編成全般について

- 教育目的が異なるので、知的障害、肢体不自由それぞれの別の教育課程で取り組んでいる。
- 肢体不自由単一障害の児童・生徒や下学年の相当の学習をしている児童・生徒が知的に高い発達障害の子ども達と一緒に学べるカリキュラムができるとよい。
- 児童・生徒によって重点目標が違うので、個々の児童・生徒に応じた教育課程を編成することが大切である。
- 知的障害・肢体不自由それぞれの特徴、実態をしっかり把握した上での教育課程編成が望まれる。
- クラス編成の検討によって、教育課程も変化するが、類型別に教育課程を編成すると、児童・生徒の行動のスペースや生活リズムが合わない面が出てくるので、どのように調整するかが課題である。
- 教育課程編成自体が課題である。知的障害特別支援学校での勤務経験があるが、児童・生徒の目標設定や教師の指導力について、能力主義的な発想が重視されているように感じられた。教育のねらいとするところは、肢体不自由特別支援学校とは異なると思われる。近隣に、学校がなく、物理的な要因で知肢共存状態になるのは現状仕方ないかもしれないが、基本的には特化された学校が増えることが望ましいと思う。
- 知肢併置にすることで、教育課程の整理、集団学習のあり方や構成などの混乱が予想される。
- 知的障害と肢体不自由に分け、なおかつ能力別にする方が就労に向けて取り組みやすい。

- 学校における幅広い時間的、空間的余裕が必要である。また、幼児・児童・生徒ごとの教育課程編成の裁量面や密度も考慮される。教育課程上の対応の幅広さも課題である。
- 行事的活動が他校種の学校に比べて多いので、精選し、個人が成長できる自立活動や交流活動を増やしていく。
- 個々の児童・生徒における支援の内容が一人ひとり違うため、より細かな教育課程の編成が必要である。
- どのような児童・生徒をどのようにグルーピングするのか。発達、学習課題、学年、障害特性、人数等々すべてを考慮しつつ、良い学習集団をつくり、楽しく実りある教育をすることが必須であるが、満足できるものはなかなかできない。知肢併置では、子どもの実態もとても幅広く難しい。
- 知的障害と肢体不自由の児童・生徒、肢体不自由の中でも幅や様々な特性を持つ児童・生徒が共に学習を行っていくためには、領域・教科をあわせた学習等を利用したり、教材を工夫したりして、自らが関われるようにしていかなくてはならない。
- 個々の児童・生徒に応じて、教育課程を幾通りも編成することが、必要と考えるが、学習活動を行う上で難しさが多々生じている。毎年最善の案をとるように検討を重ねている。
- 教育課程上では、知・肢で変えず、共に学べる教育課程にしている。障害特性には、授業に応じて、グループ分けや授業内容の配慮を行っており、特に課題は感じない。
- 知的障害の児童・生徒と肢体不自由の児童・生徒とでは、動きのスピードが違うため、同じように動くことが難しい。時間割の工夫が必要である。
- 本校は、知的障害と肢体不自由を同じクラスで運用しているため、障害の特性だけでなく、同じ課程に編成する必要が生じる。

> 知的障害と肢体不自由の児童・生徒では、生活のペースが違う。知肢併置とはいえ、知的障害のある児童・生徒の人数がどうしても多くなる。マイノリティは、やや教育課程編成面で、疎外されていると現在感じている。両者が完璧に妥協できる部分はないが、マイノリティ側も十分に教育課程編成上、検討すべきだと思う。

教員の配置に関して

> 肢体不自由単一障害の児童・生徒の「準ずる課程」[2]における教科担当教員の確保が必要である。
> 教師間の連携方法などの検討が必要である。

複数の障害種に対応可能な専門性の向上について

> 知的障害、肢体不自由両方の授業を担当する教員の専門性の涵養が必要である。
> 知肢併置の利点が「身近に通学できる」くらいしか考えつかない教師にとっては、専門性の幅が広がることにつながるが、それはあくまで大人の利点である。それに対して課題が山積みである。
> 仲間づくり、同世代交流としてメリットがあるが、集団での活動、生活するとなると車いす、ミニウォーカーなど肢体不自由のある生徒が必要なものをしっかり伝えて行く必要があり、また生徒同士が自他の力量を理解し、応援できるように努める（肢体不自由：スイッチ、知的障害：全身運動　などの差の理解）。類型１～４[3]の指導が可能な研鑽を積んでいる教師が必要である。
> 肢体不自由教育と知的障害教育双方に対応できる教員の専門性が一番の課題に思われる。より一層、きめ細やかな支援のノウハウ等を身につける必要があると思われる。

学校教育における障害種別の組み合わせについて

- 知肢併置よりは、普通科高校との併置が望ましい。
- 知的障害部門、肢体部門として、分割する方がより専門的な指導ができると考えるが、部門ごとの交流の場面も限定されるため、どちらが良いとも言いがたい。

学習活動の機会の設定

- 知的障害部門と肢体不自由部門を全く別の教育課程で教育しているが、時間の確保、職員の意識の関係で、年度ごと（年度別）での活動の機会を設けるのが困難である。学年集団としての活動は、異年齢の集団活動同様、生徒が求めているものであり、縦糸（縦割り）と横糸（学年）がうまく機能することが望ましい。
- 教育課程が大きく違うことから、教師・生徒の交流、共同学習が難しい。そのため同じ学校ながら関わりが少ない。
- 知的障害のコースと肢体不自由のコースで教育課程が違い、共同での学習の場が少ない（今年度は週2時間だけ）。交流が少なく、同学年内での一体感があまりない。
- 自立活動の時間を必要に応じて設定できるように、配慮が必要である。

身体面・安全面への配慮について

- 知的障害のある児童・生徒は、活動性が高いため、肢体不自由のある児童・生徒への安全面への配慮が必要である。
- 肢体不自由のある児童・生徒と、知的障害のある児童・生徒では、体力面に差があり、リラックスできるスペースも必要なので、カリキュラムやクラス分けに配慮が必要である。特に、医療的ケアを必要とする児童・生徒については、安全面に配慮しないと事故が懸念される。

> 生命に関わる児童・生徒が通学しているので、安全面への配慮が必要である。

② 「個別の教育支援計画」「個別の指導計画」の立案・作成・実施・評価で、検討すべき点や課題について

「個別の教育支援計画」「個別の指導計画」については、元来、児童・生徒一人ひとりの教育的ニーズに応じて編成されるものであるため、学校種によって左右されにくい部分もあるが、知肢併置特別支援学校においては、関係者間の協働・連携や計画の運用について、課題がいくつかあげられた。

運用に関して

> 作成にかかる負担が大きすぎる。負担が大きい割に活用しにくい。教育課程とのリンクが機能しにくい構造である。学校全体の教育計画である「教育課程」と「個別の教育支援計画」「個別の指導計画」の両立に困難がある。
> 肢体不自由のある児童・生徒においては、医療関係や身体の訓練などを受ける施設など、知的障害と内容が違う面もある。
> マニュアル通りでなく、児童・生徒本人を見て作成しているかどうかが重要である。丁寧で確かなアセスメント力を高めることが必要である。
> 知的障害特別支援学校、肢体不自由特別支援学校、知肢併置特別支援学校によって大きな違いがあるとは感じられない。
> 教室の確保が課題である。
> あくまで指標としての位置づけである。
> 知肢併置だからといって検討すべき点はない。「個別の教育支援計画」「個別の指導計画」は、個々に応じた計画のため、どの学校種におい

ても同じである。
- 計画様式については、毎年、検討を加え、改善を行っている。
- 年度初めに、個別の指導計画の読み合わせを行うが、児童・生徒の実態を文面だけで把握するのは難しい。写真や動画を学部で見ることを検討している。個人的には、パソコンも活用している。PDCAは、勤務校では、特に問題ないが、確認していくという意味を含め、月終わり、学期ごとに確認する必要はある。
- できるだけ細かくならないような様式のものが好ましい。作成の際に際限がないためである。
- 同じ場所、同じ時間帯で行って良い授業とそうでないものとを精査し、指導計画を立てる必要がある。

本人・家族の参画について

- 個別指導でなく、集団での指導がある程度可能な児童・生徒の場合、「個別の教育支援計画」については、卒業時の時点では保護者の確認を求めるが、入学時に保護者と相談の上、「個別の教育支援計画」を作成・説明するというシステムが学校にない。保護者の不満、理解不足の要因となっている。
- 保護者との合意形成、客観的な評価が必要である。
- 知肢併置だからというのではなく、どの障害種においても言えることだが、「個別の教育支援計画」「個別の指導計画」は、個に応じたものであり、保護者の願いも踏まえた上で、教育者のプロとして、児童・生徒が卒業するまでを視野に入れた縦の計画をどの学校も大切にするとよいと考える。

関係者間の協働・連携について

- コースごとに、書式が作成されているため、互いに、意見交換の場

が少ない。
- カリキュラムが違い、クラス・授業の場所も違う、知肢併置だから検討すべきというものはないが、どのような評価をしているかは校内のオンラインで常時閲覧が可能となっている。
- 教師がチームでしっかり立案することが大切であると思う。
- 他の教員のアドバイスを受け入れたり、協力したりする。教員の教師力向上の取り組みが重要である。
- 知的障害教育部門と肢体不自由教育部門の教師の交流をどのように行うかが課題である。
- 長期にわたる支援が必要なので、サポートファイル等の活用及び固定教員の配置等が課題としてあげられる。
- 子どもたちをとりまく家庭・学校・施設・会社・福祉すべての関わりを持つ人たちが連携をとって、その子どもが学校や放課後、卒業後も安心して自分らしく生活できるように、よりわかりやすく、より簡潔に伝えていけるシステムをつくっていく必要がある。

③ 知肢併置特別支援学校における教室配置や設備面で、検討すべき点や課題について

保護者の半構造化インタビュー調査でも言及されていた知肢併置特別支援学校における教室配置や設備面においては、学校内のスペース配分、学校施設内の動線、肢体不自由のある児童・生徒の特性への配慮が課題としてあげられていた。

運用に関して

- 「学校設置基準」を本気で見直していただきたい。
- 予算的に新しい設備等がつくれないため、どうしても既存の設備、備品を用いなければならない。
- 場所に限りがあるため多人数で狭い部屋を利用したり、暗くて教室

内の設備や物の配置も出入りしにくいところにあったりするにもかかわらず、部屋がないためそこを利用せざるをえない状況がある。美術室はあるが、作品を乾かしたり、立体作品を保管したりする場所が少ない、全くない。
- 肢体不自由特別支援学校から知肢併置特別支援学校になった場合、知的障害、肢体不自由のある児童・生徒が十分活動できる体育館、運動場、遊具などがない。
- ある程度、知的障害のある児童・生徒と肢体不自由の児童・生徒同士がお互いのことを理解し合う力があれば、教室配置や設備面の運用が可能だと思われる。大事なのは、中で生活する人の意識である。ただし、行動支援等の配慮を要する知的障害の児童・生徒がいるときは、肢体不自由のエリアへの入場の制限も考えられる。
- 共に学ぶことは、とても有意義なことだが、個別授業をするとなると、教室が足りなくなるのではないか。

学校内でのスペース配分に関して

- 知的障害教育部門と肢体不自由教育部門を平等に考えての配置や設備の充実が望ましい。
- 知的障害教育部門・肢体不自由教育部門としてキッパリ教員も分割する方がより専門的な指導ができると考えるが、部門ごとの交流の場面も限定されるので、どちらが良いとも言えない。
- 肢体不自由のある児童・生徒が過ごしやすい環境であれば、特に分ける必要もなく、誰もが過ごしやすい環境となると思う。
- 構造化された学習環境の必要な児童・生徒と、身の回りに機器や教具を配備していて、かつゆったりした生活空間の必要な児童・生徒が隣り合わせにいることのストレスや安全性が想像できれば、課題も見えてくる。児童・生徒のストレスや危険を回避しようとすれば、

施設設備を分けざるを得ない。そうするとすべてが別になってしまい、"併置"の意義が問われる。
➢ 肢体不自由の生徒や医療ケアの必要な生徒は緊急時を考慮し、非常口に近い場所に教室を設ける。
➢ 様々なタイプの児童・生徒がいるので、どの子でも使える融通のきく教室配置・設備が必要。体育館が２つあると時間割を組みやすい。１つは狭くてもよい。
➢ 多目的に使用できるスペース（教室）が必要である。
➢ 車いすの生徒が２階、３階を使用することは困難な場合があるため、できるだけ配慮されるべきである。設備についても同様である。
➢ 知的障害のある児童・生徒と肢体不自由のある児童・生徒の交流を妨げない配置や設備のかたよりに対する配慮が必要である。

学校施設内の動線に関して

➢ 特に、肢体不自由のある生徒が縦の移動がないように教室配置に配慮している（１階　知的障害、２階　肢体不自由…寄宿舎に直結している）。
➢ 肢体不自由のある生徒の動線への配慮が必要である。
➢ 肢体不自由のある生徒は寮、知的障害のある生徒は通学であり、寮の生徒が移動しやすいよう、肢体不自由のクラスの教室は２階にある。
➢ 教室では、知的障害は１階、肢体不自由は２階と勤務校では分けて、授業の移動も無理がないように配慮している。

肢体不自由のある児童・生徒の特性への配慮

➢ 肢体不自由のある児童・生徒のために、身体にやさしい設備でありたい。実習の部屋のあり方や使いやすさ、安全性などの検討が必要である。

- エレベーターの設置が必要である。
- 「廊下では走らない」など、肢体不自由のある生徒についての配慮を知的障害のある生徒に知らせ、指導する。
- 肢体不自由のある児童・生徒が過ごしやすい環境であれば、特に分ける必要もなく、誰もが過ごしやすい環境となると思う。
- 肢体不自由のある児童・生徒は、体温が外気温に影響されることが多く、体調面での配慮が必要。そのため設備も整える必要がある。医療的ケアのある児童・生徒については、チューブなど子どもがさわらないような環境面での配慮もいるのではないか。
- スロープやエレベーターが必要。医療的ケアの必要な児童・生徒と多動の児童・生徒が同一教室の時はスペースを広くとり、リラックスできるスペースも必要。
- バリアフリーはもちろん、衛生面、医療面のケアが図れる構造が必要である。また、床の効果的な使い方ができることも重要である。
- 例えば、肢体不自由のある児童・生徒や医療的ケアの必要な児童・生徒は緊急時を考慮し、非常口の近い場所に教室を儲ける。
- 教室の確保が課題である。
- より行動範囲を広めるため、バリアフリーの拡大や、危険物等の改善などに重点を置くことが必要である。
- 設備面は充実してほしいと願う。肢体不自由のある児童・生徒にとっては、洗面等の水まわり冷暖房など健康に直接影響するところに予算を配分してほしい。そうすると知的他の障害種の子どもたちにとっても良い環境が整う。
- エレベーター、トイレ、机等の配慮が必要。肢体不自由のある児童・生徒は、その児童・生徒に合ったものが使えるようにする必要がある。
- 知的障害や情緒障害のある児童・生徒には、しっかり身体が動かせ、必要以上に「助け」がない施設・設備が望ましい。肢体不自由の児

童・生徒には、重度・重複障害（医療的ケア含む）に対応した施設・設備とゆっくりおちついて身体を休めることができる場所が必要である。

④ 知肢併置特別支援学校における学習活動で、検討すべき点や課題について

知肢併置特別支援学校における学習活動では、学習活動、学習集団の設定、教材・教具の開発に課題があることが示唆された。また、知的障害のある児童・生徒と肢体不自由のある児童・生徒の交流についても、教員は工夫しており、保護者への半構造化インタビュー調査でも言及されていた「気持ちの読み取り」についても、教員は配慮している様子がみてとれた。

学習活動の設定に際して

- 柔軟で新しい発想に基づいて行われる活動を前向きに評価できる土俵をつくるべきである。
- 学力の幅が広いので、どの段階の生徒も伸びが評価されるような機会があるといいと考える。知的障害教育部門や就労希望の生徒は作業や販売実習等で活躍がわかりやすいが、大学に進学するような生徒が、意欲的に学んでいる姿を評価する場があまりないため、本人の自己肯定感の面で課題がある。
- 生活課題に関する学習活動が必要である。どうしても知的障害のある児童・生徒向けの内容が多くなり、肢体不自由の視点が欠けやすくなる。
- 知的障害のある児童・生徒と肢体不自由のある児童・生徒がまじっている状態で、どのような授業展開をするかが課題である。
- 知肢併置による課題は感じない。
- 授業を行う前に略案を出し、参加する子どもたちの実態にあっているか、どのような準備・支援（板書も含め）が必要かを話し合う。

授業後は必ず関わる教師間で振り返りを行い、次の授業への課題や子どもの様子等で共通理解していくことが大切だと思う。しかし実際は時間に追われなかなかできていない。
- 知肢併置だからというのではないのだが、安全・安心を第一に、知肢併置特別支援学校の児童・生徒が楽しめ、主体的に活動できる学習内容を考える。
- 体験活動を可能な限り取り入れる。知的と肢体不自由が同じ環境で学べる授業は同じ場で学習されるべき。
- 教職員の専門性が重要である。知恵のある人、体力のある人、バランスよく人事をくむことが大切である。
- 体を動かす場面や集中して取り組む場面の"時間"に大きな違いがあるのではと考える。
- 教員の専門性や知識の豊富さ、共有などが重要である。

知的障害のある児童・生徒と肢体不自由のある児童・生徒の交流について

- 例として、LHR は共同で実施するなど、知的障害のある生徒と肢体不自由のある生徒が交流できるようにすることが課題である。
- 互いの学習活動に対して、教職員が興味関心を持つことや互いの良い点を共有し合えることが重要である。
- 肢体不自由、知的障害のどちらの生徒も楽しめるよう、百人一首大会、ゴミ拾いなどの交流がある。ただ、その時々だけの交流で、次につながりにくい。
- 行事（体育大会、文化祭、修学旅行、野外活動）のときに一緒に学習活動をする。活動のスペース、時間配分、生徒の動きや健康のチェックなど、活動の中で検討する必要がでてきている。
- 肢体不自由のある児童・生徒は身体に制約があるため、活動も限られることがある。身体を使う活動は一緒にするときはしっかり考え

ないと、やりたい気持ちがあるが身体を動かすのに時間も必要なので活動の実施が困難になる。
- リーダー的な子どもを選出する際、どんな場面でどんな能力を発揮できるかをしっかりと把握する必要があると思う。

学習集団の設定について

- 学校行事を考える際、知的障害の活動量の多い児童・生徒と肢体不自由のある児童・生徒、特に重度・重複障害や医療的ケアを要する子どもでは、ねらいや活動における制限の違いがあるので、集団としてねらいをどこに置いて、どう折り合いをつけるのかが難しい。
- 実態に応じたグルーピングや集団構成が立てにくい。
- どうしても知的障害のある児童・生徒向けの内容が多くなり、肢体不自由の視点が欠けやすくなる。

教材・教具の開発に関して

- 個々の児童・生徒のニーズに応えることと、集団としての活動が成立することの折り合いをつけることが重要である。多目的な教材、教具、設備の充実を図る必要がある。
- 集団活動や体育などで肢体不自由の子も進んで活動したり、活躍したりできる内容を考える必要がある。
- 年齢はもちろんであるが、頭脳の発達、精神の発達、体の発達等、学習段階を考える上で、発達に見合った教材の提供がもっとも大切だと思う。
- 知肢併置による課題は感じない。
- 授業を行う前に略案を出し、参加する子どもたちの実態に合っているか、どのような準備・支援（板書も含め）が必要かを話し合う。授業後は必ず関わる教師間で振り返りを行い、次の授業への課題や

子どもの様子等で共通理解していくことが大切だと思う。が実際は時間に追われなかなかできていない。
⑤ 知肢併置特別支援学校における行事の実施で、検討すべき点や課題について

　知肢併置特別支援学校における行事の実施では、合同実施、行事の計画、障害特性や安全面への配慮などで、教員は、様々な面で困難や課題を見出している様子が窺えた。

知的障害のある児童・生徒と肢体不自由のある児童・生徒の合同実施に関して

- 合同・分離を自在に伝え、企画できる雰囲気が大切である、または制度上の根拠をつくるべきである。
- できる限り、一緒に活動できる計画を立案する。
- 肢体不自由のある児童・生徒及び保護者が求めるものと、知的障害のある児童・生徒及び保護者が求めているものに、ズレがある。（肢体不自由のある児童・生徒は）動きがとにかくゆっくりなため、両方の持ち味が生かせるような、プログラムの配慮が必要である。
- 体力や動きの違いが課題である。
- できるだけ交流ができるように計画したい。
- 行事（体育大会、文化祭、修学旅行、野外活動）のときに一緒に学習活動をする。活動のスペース、時間配分、生徒の動きや健康のチェックなど、活動の中で検討する必要が出ている。
- 運動会は、知的障害のある児童・生徒にとっては、活動量は少ないかもしれないが、一緒にすることの意義、目的をしっかり検討することで、同じ行動を行うことができる。

行事の計画・実施に関して

- 教育課程と実践目標がかなり異なるので、共通の行事計画を作成す

第4章　知肢併置特別支援学校に対応する教員の専門性

る際、障害が多い。
- 生徒会を中心に、できるだけ交流できるように実施している（例として体育祭での合同応援合戦、文化祭での合同合など）。
- 個々のニーズに応えることと、集団としての活動が成立することの折り合い。多目的な教材、教具、設備の充実が必要である。
- 体育的行事をどのように行うかが課題である。
- スポーツ面で明らかに無理、不可能と思われる try はさけるべきである。
- 運動会、体育祭については、参加できる種目等の振り分けやチーム編成、内容等の計画段階から、児童・生徒の実態把握をしっかり行い、実施する必要がある。
- 運動会、プール学習が全校的に統一してはやりにくく、多くの工夫が必要である。
- 学校祭の実施日の設定を土曜日にすると一週間登校する日数が6日間になり、その上練習のストレス等の疲労と重なり体調を崩す子どもが増える。さらに、振替休日を入れる必要がある。
- 安全・安心が課題である。
- 普段実施している教科学習との関連性が重要である。
- 経験豊富な人を学校に集めることが重要である。教職員人事が大切である。
- リーダー的な児童・生徒を選出する際、どんな行事にどんな能力を発揮できるかをしっかりと把握することが重要である。

それぞれの障害特性への配慮について

- 互いの障害特性に対する理解と配慮が課題である。
- 肢体不自由のある児童・生徒の参加を考慮する。

- 学校行事を考える際、知的の活動量の多い子どもと肢体不自由のある子ども、特に重度や医ケアを要する子どもでは、ねらいや活動における制限の違いがあるので、集団としてねらいをどこに置いて、どう折り合いをつけるのかが難しい。
- 体育的な行事や創作活動など身体が自由に動かないことは同じようにできないので、配慮が必要である。身体が虚弱な児童・生徒にとって時間や環境（暑い、寒い等）も考えないと安全と言えない。
- 肢体不自由のある児童・生徒は医療・健康面の配慮が必要で、知的障害のある児童・生徒は心理的な適応や行動での安全を配慮すべきである。
- 知的障害のある児童・生徒向けに肢体不自由のある児童・生徒が合わせる傾向が強くなる。
- 個々のニーズに応えることと、集団としての活動が成立することの折り合い、多目的な教材、教具、設備の充実が必要である。
- 普段実施している教科学習との関連性について、検討が必要である。
- 元気な児童・生徒や医療的ケアの必要な児童生徒も在籍しているので、お互いのねらいが難しい。
- どちらも輝けるような工夫が必要である。
- 集中できる時間や医ケア対応の時間の違いに配慮した行事計画が必要となる。
- （肢体不自由のある児童・生徒や重度・重複障害のある児童生徒にとって）体育大会においては、不安な面（登校段階、立位等）は多々ある。学習発表会は大切であると考える。

⑥ 知肢併置特別支援学校における通学支援で、検討すべき点や課題について

保護者の半構造化インタビュー調査では、通学区域の面が言及されていたが、教員の自由記述では、通学支援での対応、移動手段等様々な特

性の児童・生徒に応じた通学形態や通学支援上の課題について、示唆された。

通学支援のあり方について

- 通学支援に伴い、時間の割り振り、「勤務場所」に対する柔軟な解釈、旅費の確保など、教員の勤務制度上の保障が必要である。
- 公共交通機関を利用する際のマナーの指導が必要である。
- 勤務校は、知的障害がある生徒が通学制、肢体不自由のある生徒が全寮制のため、知肢併置であるからということで課題があるわけではない。それぞれには課題がある。
- 電車の乗り降りや移動などで、知的障害のある生徒が車いすの生徒を助けようとする場面が見られたが、インシデントの関係で、禁じるようになった。
- 登校指導を定期的に行っている。社会的なマナーについて指導をしていく必要がある。
- 医療的ケアのある子どもたちの通学保障は、肢体不自由特別支援学校でも一番の課題である。
- 一人ひとりの課題とニーズに合った通学方法の選択。医療的ケア対象生の安全確保が課題である。
- 通学の困難な児童・生徒には通学支援が必要ではあるが、ある程度、徒歩や通学が一人でできると判断したときは、できる範囲で自転車や徒歩を勧める形に持っていくことが大切だと考えている。
- 知的障害・情緒障害のある児童・生徒は「社会性」を育む上で、できる限り自力登校に近いものが必要ではないか。
- 長時間の移動に負担が大きい児童・生徒もいるので、そのあたりへの配慮が必要である。
- 放課後等児童デイサービスセンターとの連携が必要である。

スクールバス等の移動手段に関して

- スクールバスについては安全第一に運転手講習もあったほうがよいのではないか。また、徒歩、自転車等の通学においても、見守り隊などの地域支援の徹底を図るべきである。
- スクールバスはリフト付きがよいが、要望しているが、予算の関係で実現していない。
- 重度・重複障害のある児童・生徒に対するスクールバスの対応ができないケースが多く、保護者の送迎に頼らざるをえないことが課題である。対応できている肢体不自由特別支援学校もある。
- 何種類もの通学するためのタクシー、バスが必要だと思うので、駐車スペースが広くないといけないと思う。
- 医療的ケアを要する児童・生徒は介護士添乗のバスやタクシーが必要なことが多い。
- リフト付きスクールバス、介護タクシーの使用などで問題ないと思う。行動・認知の状況では、公共交通機関の利用も必要である。

⑦ 知肢併置特別支援学校における地域でのセンター的役割で検討すべき点や課題について

センター的役割が広域にわたることや人員確保、出張旅費の確保、ネットワークの重要性が示唆された。

出張旅費の確保について

- できるだけ地域の小・中学校へ、教育支援部の教員が出向いて情報交換する。課題は経費である。
- 旅費の件が大きい。

第4章　知肢併置特別支援学校に対応する教員の専門性

センター的役割における方策について

> 各地域の学校、特別支援学級の相談（教育相談）。教材、図書の貸し出しや紹介。講演会、研修などのお知らせ。ホームページなどで学校活動を知らせる。

ネットワークの重要性

> 知肢のどちらにも対応できる＋（プラス）各種ネットワークの確保が重要。
> 地域へのアピールといった点で、交流の増加、増大が求められる。
> 知肢併置としての強みを、地域にアピールするような情報発信力が必要。

人員配置

> 専任の教師を置き、交流をしていく。
> 教育相談で他校に周ることには限界があるので、各校の特別支援コーディネーターのより一層の充実が必要だと考えられる。
> コーディネーターの人数が比較的多く確保しないといけないと思われる。
> 教員の加配。

教育相談と資質

> 地域の一般の学校の児童・生徒や教員からすると、特別支援学校の教員はみんな専門的知識が備わっていると思われている。教育相談等も多いが、その中でも児童・生徒の生活の中での不自由さや学習上の不自由さを相談され、なんとか改善できるような回答や今後のつながる返答を求められる。いろいろな分野の知識を理解し、それ

に応えられる教師としての人材を自分も含めて高めていかなくてはと思う。
- ➤ 知肢両方の専門家となれるから、センター的役割としては理想的ではないか？
- ➤ 当該支援学校に他にいる子どもと同じような特徴を持つ子どもがいるとは限らない。様々な特徴に関する知識が必要になるかと思う。

センター的役割での広域性

- ➤ 全県対応のため、センター的機能が発揮しにくい状況もある。
- ➤ 郡部であり、広大な地域のセンター的機能の役割が課せられているため、校外での時間がかかってしまう。

⑧　知肢併置特別支援学校における会議や研修の運営で検討すべき点や課題

会議や研修の多さが課題としてあげられているが、研修を求める声も複数あった。また、知的、肢体の双方の部門の意見交換も課題としてあげられている。

研修と教員の専門性について

- ➤ 研修は共通のテーマでする場合はよいが、どちらかの内容になるときは別々に行っている。各科の会議時間であるとき、参加したくても別の科の研修には行けないことがある。
- ➤ 教師からの希望を吸い上げる形で、研修がなされることが望ましい。
- ➤ 本校は知的の教員、肢体の教員ということで所属が完全に分かれているが、研修等は合同でやり、教員の専門性を高めている。
- ➤ 知的・肢体お互いの科の情報が入ってきにくいので、情報交換としての研修の場がほしい。
- ➤ 研修については、知的・肢体それぞれの課題や、共通した課題につ

- いての研修を運営している。しかし、会議、実習、学校見学、オープンスクールと行事が多く、研修の時間を取ることに苦労している。
- 知肢両方の研修をしていくと、時間や研修会が増える教員の負担になると、教育実践面でも疲れが出てくるので、時間の確保や研修を選ぶ自由などがあればいいと思う。
- 研修が増え、疲弊感が出てくる。自分の担当する子の様子以外に知りにくい。
- より専門性を高めるため、わかりやすい研修とすべきである。
- 視覚、聴覚等の不自由な子どもが入学してきているため、その生活指導や学習を行う上での基本的な研修をどんどん行ってほしい。その子どもたちの支援のやり方や知的障害の子どもたちの授業を行う上で役立つことも多い。
- 担当している生徒以外への理解につながる研修の必要性。
- 年度当初をはじめ、多くの研修があるため、必要な会議が持ちにくいことがある。
- ロールプレイ（知的）、摂食障害（肢体）などの研修が考えられる。
- 知肢両方の研修をしていくと、時間や研修会が増える教員の負担になると、教育実践面でも疲れが出てくるので、時間の確保や研修を選ぶ自由などがあればよいと思う。
- 福祉分野の研修等では、知的と肢体不自由を分けて行うなどの配慮は必要である。

会議について

- 会議はできるだけ減らす工夫が必要である。
- 会議が別々に行われている場合があるため、情報の共有・共通理解が重要である。
- 双方の意見交換のすり合わせが重要である。

- ➢ できるだけ簡潔に。
- ➢ 会議が多い。毎日会議で、休憩時間にも会議をしている。

⑨ 知肢併置特別支援学校における家族からの相談や家族支援で配慮すべき点や課題について

　生活状況や児童・生徒の特性への配慮など、様々な配慮が必要であるという意見が見られた。また、情報収集や関係機関との連携の重要性も示された。

生活状況や児童・生徒の特性への配慮

- ➢ 肢体の保護者は、知的障害との重複の事実を受け止めることが難しいので、検査実施後の説明等、大変言葉を選ぶ。ただ進路選択時に、本人・保護者が自分の障害をきちんと受け止めていないと、的確な判断、決断ができない。教員は保護者対応についてもっと勉強すべきであり、検査で分かったことをどの程度どのように伝えるか、慎重であるべきである。
- ➢ 家庭環境（特に施設入所生徒）についての配慮が重要である。
- ➢ 家族の方の相談内容も違ってくるので、相談員を配置してじっくりと聞くこと。一緒に頑張っていけるように連帯感が持てるようにする。
- ➢ 児童・生徒本人・家庭・地域の願いをくんで、それぞれの課題やニーズに応えることが大切である。
- ➢ 詳細を聞き取りすることで、細かな対応、ケアが必要である。また、複数による関わり方が大切である。
- ➢ 自分が担当する児童・生徒だけでなく、他の児童・生徒のことも大切にし、理解する気持ちが重要である。
- ➢ 学校と家庭で子どもの障害やそれによる生活状況、学習状況を共通理解した上で、同じように支援や声かけをしていければと思うとこ

ろもある。しかし家庭での病気に対する思いや生活の中での不自由さを受け止める度合いが低いため、なかなか同じ線上では進まない。こちらが病気に関するセカンドオピニオンの必要性をいってもなかなか理解してもらえなかったり、ご家庭にそれを進めていく力が不足していることもある。
- ➤ 進路指導が難しい。肢体の子の進路先が少なく、新規開拓が難しいのも事実である。知的・肢体どちらの子どもたちも卒業後の進路先が少なく、家庭の事情も考えながらの指導が大変である。
- ➤ 知的で多動な生徒が、肢体不自由の生徒にぶつかったりしないかなどの不安の解決が必要である。
- ➤ 福祉や就職などの面で保護者のニーズが大きく異なるのではないが、対応する側の専門性がより求められると思う。
- ➤ 相談を受ける本人の実態を正しく把握すること。家族がどんなことに悩み、どんなことを望んでいるのか、言葉や文章の行間をよく読みとることが重要である。

情報収集や関係機関との連携

- ➤ 全教員が共通理解をもって、教員によってご家庭に返答する内容が異ならないようにする。
- ➤ 遠いところから通っている生徒が多いので、学校と家庭、地域支援との連携がとりにくい。
- ➤ 担任が相談にのり、学校全体の支援が必要なときは支援委員会を開いている。関係機関と連携が必要なことも多い、生活環境、学校での様子、卒業後の見通しなど、包括的に考える。
- ➤ 知的、肢体不自由の保護者の相互理解が重要である。
- ・外部支援の導入の仕方の検討が必要である。
- ・知的のサービスは比較的地域に多いが、肢体やその中でも重心に対応

している施設が少ないため全県的な情報収集と活用が必要になる。
⑩　知肢併置特別支援学校において、知的障害教育部門と肢体不自由教育部門が設置されている場合の連携上の課題や配慮点について

　教育課程や専門性の違いや合同学習、集団学習の実施に係る課題があげられた。

教育課程や専門性の違い

- 教育課程が異なり、教員も２つに分かれていると、教材の共有や情報の共有がしにくい。同じ学校だが、互いの科の動きはわからない。行事の練習など、うまく予定が合わず、話す時間がとりにくい。
- 生徒の状況の違いによる業務の質・量の違いに対する共通理解、双方の教育課程の違いに対する共通理解が必要。
- 高い専門性が必要であり、研修の機会が充分に確保されなければならない。
- 互いの障害特性に対する理解と配慮、生徒に対しても互いを尊重し合う感情や気持ちを育んでいくことが大切だと考える。
- 行事や生徒の実習等、行事予定の余白がない状態である。それぞれに連携をとりながら、日程、場所等に苦慮しながら取り組んでいる。そのため、途中で予定を変更したり増やしたりという　　ことができにくい。
- 教師の専門性の偏りが生じると思う。教師によって、ある程度得意な指導があると考えられる。
- 職員間の意思統一。自分の指導が正しいのか、近隣の学年、クラスの先生に理解してもらうことが先決となる。他部門の先生には意見しにくい雰囲気がある。
- 専門員による考察がもっとも大切である。
- それぞれの特徴を理解しようとすること、研修を積んでそのことに

第4章 知肢併置特別支援学校に対応する教員の専門性

ついて学んでいく。教育課程を各学校でしっかり見直し、検討する。

合同学習、集団学習の実施

- 互いの忙しさのタイミングが異なるので、協同で活動する場合、仕事の分担や準備計画などが難しい。
- お互い頑張っていることがわかり、理解していくこと（交流）、お互いが力を合わせ、社会に対してアピールしていく。
- 人数が少ない場合は2つの部門を合併した形で集団学習が必要だが、ある程度の人数（1学部30人以上）が確保されていれば体育などでの集団活動は分けていく必要があると考えている（音楽などは1つに固まって行うと情緒の面を考えれば効果的だと思う）。
- 連携のための会議がわざわざ必要になる。
- 就業、生活において教師間、児童生徒間においてもお互いに共通理解が必要である。
- 教科グループの編成が必要である（体育・美術など）。
- 合同授業の難しさ。
- 本校では以前は、知と肢を場も内容もまったく別で実施していたが、そのときは連携、交流が課題であったと聞いている。現在は知と肢を運用上同じ学級として授業しているため、そういった課題は出てこない。
- 生徒の実態の把握。共通理解の徹底だと思う。
- お互いが共通理解できればよいと思う。

3. アンケート調査からみた知肢併置特別支援学校で望まれる資質

本研究においては、近年の特別支援学校の在籍者数増加に伴い、設置が検討されつつある知肢併置特別支援学校の教育的課題について、特別支

援学校に勤務する教員へのアンケート調査について、整理を行った。

必要とされる資質については、「強くそう思う」で、

「卒業後の進路先や福祉制度に関する知識」(72.2%)

「豊かな人間性」(70.8%)

「授業力・実践的指導力」(68.5%)

「発達障害のある児童生徒の理解と指導技術」(67.8%)

「保護者の心理に関する知識と技術」(61.8%)

「コミュニケーションに関する知識と活用力」(60.7%)

「就労に向けた進路指導の技術と職場開拓能力」(60.0%)

「運動・動作に関する知識と指導力」(59.6%)

「感覚に関する知識と指導力」(53.9%)

「障害種別に応じた課程に関する知識と編成力」(54.4%)

「学級経営における計画力」(52.8%)

「認知発達に関する知識と指導力」(51.1%)

「社会性の発達に関する知識と指導力」(50.6%)

「言語発達に関する知識と指導力」(50.6%)

「障害の生理・病理に関する知識」(50.6%)

「特別支援教育やインクルーシブ教育システムに関する最新の知見」(49.4%)の順であったが、このように教員が必要であると考えている資質をあげていくことで、知肢併置特別支援学校における一定の教員像が見えてくるのではないだろうか。

受講してみたい研修については、

「特別支援教育やインクルーシブ教育システムに関する最新の動向」(46.7%)

「領域・教科を合わせた指導の方法(生活単元学習・作業学習・日常生活の指導・遊びの指導)」(43.3%)

「感覚・運動指導」(42.2%)
「進路指導・就労支援 (42.2%)」
「ソーシャルスキルトレーニング 」(41.1%)
「教材の製作と活用」(41.1%)
があげられていた。

　知肢併置特別支援学校における教員は、幅広い専門性が必要とされるが、特に、日常の教育実践に直結する形の研修の希望が多いようである。

　自由記述においては、特別支援学校で日々教育実践を行っている教員とも、特別支援学校の在籍者増という社会現象での葛藤を伴う場面で、学校現場の課題を析出していた。
　自由記述を検討すると児童・生徒の特性や家庭環境が一人ひとり異なることは言うまでもないが、所在地、センター的役割が学校によって広域であることや特別支援教育コーディネーターの数が学校によって異なること、部門の人員配置、会議や研修の開催方法等を考えると複数の障害種に関する知見や実践経験のみならず、知肢併置特別支援学校という学校組織や複数の障害種の児童生徒が参加する学習集団における教育実践への参加、教職員や児童生徒間での社会的相互作用を媒介として、教員が成長し、専門性が形成されていく社会文化的アプローチ（Lave and Wenger、1991）による教職員研修のあり方の研究や教育社会学的知見に基づく知肢併置特別支援学校の研究についても今後検討していく必要があるだろう。
　例えば、英国のコミュニティスクールにおいては、複数の障害種と多国籍の生徒への対応を通常学校において実現していた。ロンドン地区においては、例えば、センソリールームにみられる感覚に働きかけるスヌーズレン機器などが、通常学校にまで、各学校に共通したリソースが提供

されており、学校間の特別な教育的ニーズに対する差異が生じないように配慮がされている。それに加えて、SEN や EHCP の対象となる児童・生徒の人数に応じて、予算配分がなされ、それを学校全体の教育環境に反映させている（筆者のインフォーマルインタビューによる）。

　日本は、単一民族国家であり、これまでの障害児教育が盲・聾教育を中心として発展したのち、肢体不自由、知的障害、病弱、そして発達障害については、それぞれの教育方法を確立し、教育が行われてきたという文化的背景がある。一度、教員が身につけた教育方法や教育内容を新たな枠組みへ変化させようとする場合には、どうしても教員へ戸惑いや葛藤が生じることが考えられる。その場合、学校独自の裁量のみならず、教育行政によるバックアップが必要ではないだろうか。知肢併置特別支援学校の教育的課題やインクルーシブ教育システムの構築を考える際には、このような文化的背景にも留意することが望ましいのではないだろうか。

　　謝辞　ご協力いただいた特別支援学校の先生方に心よりお礼を申し上げます。

<注>

1　本研究では、「知肢併置特別支援学校における教育実践上の課題について」の①〜⑥の自由記述については、下記の引用・参考文献に示す高橋（2015）の研究内容の一部を用い、新たなデータを加え、再度検討を加えている。

2　「準ずる教育課程」
　　この記述での「準ずる教育課程」とは、教育目標や教育内容は小学校・中学校・高等学校と同一であるが、肢体不自由（単一障害）があるため、小学校・中学校・高等学校の学習方法に加え、肢体不自由の特性に配慮した特別な指導方法を要する教育課程のことを指していると推察される。

3　類型1〜4
　　この記述での類型1〜4とは、肢体不自由特別支援学校において、編成されることが多い、注2で述べた「準ずる教育課程」、児童・生徒の特性に応じて、下学年の教科用図書を採択して学習する「下学年適用の教育課程」「知的障害特別支援学校代替の教育課程」「自立活動を主とした教育課程」の4つの教育課程を示しているもの

と推察される。

<引用・参考文献>

高橋眞琴（2013）「肢体不自由教育における専門性とは（第1報）」『神戸大学大学院人間発達環境学研究科研究紀要』第7巻第1号、pp.207-212.

高橋眞琴（2015）「肢体不自由教育における専門性とは（2）―知肢併置特別支援学校に関する議論をめぐって―」『神戸大学大学院人間発達環境学研究科研究紀要』第9巻第1号、pp.81-90.

高橋眞琴・平田奈穂・佐藤貴宣（2015）「知肢併置特別支援学校での教員研修に関する一考察―知肢併置特別支援学校、肢体不自由特別支援学校で勤務する教員へのアンケート調査を手がかりに」日本特殊教育学会第53回大会ポスター発表.

Lave, J. & Wenger, E.（1991）Situated Learning: Legitimate Peripheral Participation. New York: Cambridge University Press.

第5章

医療的ケアと本人・保護者への基礎的環境整備をめぐって
～本人・家族・教員・看護師の語りを手がかりに～

「経管栄養・吸引などの日常生活に必要な医療的な生活援助行為を、治療行為としての医療行為と区別して『医療的ケア』と呼ぶことが関係者の間では定着しつつある」（北住、2012、p.10）。

　特別支援学校には、医療的ケアが必要な重度・重複障害のある児童・生徒も在籍している。文部科学省（2014）の「平成26年度特別支援学校等における医療的ケアに関する調査結果」によると公立の特別支援学校において、日常的に、医療的ケアを必要とする幼児児童生徒数は7,774人であり、全在籍者に占める割合は5.9％となっている。「かつては、医療的ケアを要するような重度・重複障害のある児童・生徒が学校に通学することについて、児童・生徒の生命の危険性を危惧する見解が医師からあったが、適切な医療的な配慮も向上しており、医療的ケアの実施が進む中で、児童・生徒の生命の危険性がむしろ減少したという報告もある」（北住、2012、p.12）。

　2014年には「障害者の権利に関する条約」が批准され学校教育における基礎的環境整備と合理的配慮が求められるようになった。医療的ケアにかかる内容もその一つにあたるであろう。また、2016年4月1日から障害者差別解消法が施行された。学校園における「医療的ケア」を理由とした差別や社会的排除については、大きな検討課題となってくるであろう。

　特に、肢体不自由特別支援学校や特別支援学校の肢体不自由部門における医療的ケアを要する児童・生徒は、様々な病態が複雑に絡み合っていることが多い。例えば、てんかん発作、筋緊張の異常、摂食・嚥下機能の低下、胃食道逆流症、誤嚥、側湾・変形拘縮の進行、感染症、呼吸機能の低下、体温調節の未熟さなどの問題を抱えることが多い（三浦、2006）。また、脳の機能障害から発語・発声などのコミュニケーションにも困難があり、体調の変調を本人が訴えにくい面があるため、周囲の人々が本人の体温や血中酸素飽和度、排泄、食欲などの動向を把握し、日々

の体調に十分注意を払う必要があるといえる。側湾・変形拘縮の進行の予防のためにも、良肢位をとることが望ましい。医療的ケアの手技には、吸引などがあるが、健康な人でも、体内にチューブなどの医療器具を挿入されるのは不快であり、苦しいことであるが、日々、頻回の吸引を必要とする重度・重複障害のある児童・生徒は、それをことばに出せない分、周囲の人々による細やかな意思表示の確認も重要である（高橋、2011）。

1．特別支援学校で医療的ケアを必要とする児童生徒

それでは、現在、特別支援学校では、どのような種類の医療的ケアが必要とされるのだろうか。

表5-1　医療的ケアを必要とする幼児児童生徒数

区分	医療的ケアが必要な幼児児童生徒数（名）				
	幼稚部	小学部	中学部	高等部	合計
通学生	28	2,863	1,434	1,332	5,657
訪問教育（家庭）	0	601	252	257	1,110
訪問教育（施設）	0	198	98	141	437
訪問教育（病院）	0	261	135	174	570
合計	28	3,923	1,919	1,904	7,774
在籍者数（名）	1,453	37,147	29,557	62,524	130,681
割合（％）	1.9	10.6	6.5	3.0	5.9

出典：文部科学省（2014）「平成26年度特別支援学校等における医療的ケアに関する調査結果」

表5-1は、文部科学省（2014）の「平成26年度特別支援学校等における医療的ケアに関する調査結果」である。

公立特別支援学校において、日常的に医療的ケアが必要な幼児児童生徒は7,774名であり、全在籍者に対する割合は5.9％である。表5-1からは、小学部においては、実に10名に1人は医療的ケアを要していることがわかる。

特に、重度・重複障害の児童・生徒が多く在籍する肢体不自由を中心と

した特別支援学校においては、医療的ケアを要する児童・生徒も多く在籍していると予測される。

　前章の知肢併置特別支援学校における教員に必要な専門性に関する研究では、「医療的ケアに関する知識」について、強くそう思うと回答した教員が 47.7% を占めていた。今後、複数の障害種の児童・生徒が在籍する特別支援学校が増加する可能性があることを考えると、医療的ケアに関する知見は、必要となってくるであろう。

　特別支援学校等における医療的ケアの実施に関する検討会議（2011）の「特別支援学校等における医療的ケアへの今後の対応について」においては、

「(1)　特別支援学校で医療的ケアを行う場合には、医療的ケアを必要とする児童生徒等の状態に応じ看護師等の適切な配置を行うとともに、看護師等を中心に教員等が連携協力して特定行為に当たること。児童生徒等の状態に応じ、必ずしも看護師等が直接特定行為を行う必要がない場合であっても、看護師等による定期的な巡回や医師等といつでも相談できる体制を整備するなど医療安全を確保するための十分な措置を講じること。」

「(2)　特別支援学校において認定特定行為業務従事者となる者は、医療安全を確実に確保するために、対象となる児童生徒等の障害の状態や行動の特性を把握し、信頼関係が築かれている必要があることから、特定の児童生徒等との関係性が十分ある教員が望ましいこと。また、教員以外の者について、例えば介助員等の介護職員についても、上記のような特定の児童生徒等との関係性が十分認められる場合には、これらの者が担当することも考えられること。」

「(3)　教育委員会の総括的な管理体制の下に、特別支援学校において

学校長を中心に組織的な体制を整備すること。また、医師等、保護者等との連携協力の下に体制整備を図ること。」
の三項目を示した。

　表5-2 は、行為別対象幼児児童生徒数である。7,774 名の幼児児童生徒が、医療的ケアを必要としており、複数の医療的ケアを必要とする幼児児童生徒もいる。行為別では、たんの吸引等（呼吸器関係）が 69.0％となっている。前述したように、日々、頻回の吸引を必要とする重度・重複障害のある児童・生徒は、それをことばに出せない分、周囲の人々による細やかな意思表示の確認も重要であり、児童・生徒の生命にも関わってくる部分である。経管栄養等（栄養関係）が 24.1％の幼児児童生徒が必要としている。経管栄養は、学校教育においては、給食指導の際に行われることもあるため、ミキサー食による給食の提供など「合理的配慮」の一環で考えていく必要があるだろう。また、認定特定行為業務従事者に許容されている行為は 47.7％である。

　「一定の研修を受けた者が一定の条件の下にたんの吸引等を実施できる制度」として、「口腔内の喀痰吸引」「鼻腔内の喀痰吸引」「気管カニューレ内部の喀痰吸引」「胃ろう又は腸ろうによる経管栄養」「経鼻経管栄養」の項目を示した。登録研修機関での研修を修了したことを都道府県知事に認定された者は、登録特定行為事業者において特定行為の実施が可能（認定特定行為業務従事者）となった。うち、特別支援学校の教員も携わっている。医療的ケアを要する幼児児童生徒にとっては、このことも障害者の権利に関する条約の「合理的配慮」の一つとして、検討されるべき内容であろう。

表 5-2　行為別対象幼児児童生徒数

医療的ケア項目		計（名）
栄養	●経管栄養（鼻腔に留置されている管からの注入）	1,957
	●経管栄養（胃ろう）	3,414
	●経管栄養（腸ろう）	139
	経管栄養（口腔ネラトン法）	43
	ＩＶＨ中心静脈栄養	76
	小　計	5,629
呼吸	●口腔・鼻腔内吸引（咽頭より手前まで）	3,682
	口腔・鼻腔内吸引（咽頭より奥の気道）	2,291
	●気管切開部（気管カニューレ内）からの吸引	1,958
	気管切開部（気管カニューレ奥）からの吸引	1,121
	経鼻咽頭エアウェイ内吸引	169
	気管切開部の衛生管理	2,388
	ネブライザー等による薬液（気管支拡張剤等）の吸入	1,905
	経鼻咽頭エアウェイの装着	153
	酸素療法	1,371
	人工呼吸器の使用	1,113
	小　計	16,151
排泄	導尿　※本人が自ら行う導尿を除く	539
その他		1,077
合計（延人数）		23,396
医療的ケアが必要な幼児児童生徒数		7,774

注：「●」は認定特定行為業務従事者が行うことを許容されている医療的ケア項目
出典：文部科学省（2014）「平成 26 年度特別支援学校等における医療的ケアに関する調査結果」

2. 小・中学校で医療的ケアを必要とする児童生徒

表5-3 医療的ケアが必要な児童生徒数（名）

小学校			中学校			小・中学校計		
通常の学級	特別支援学級		通常の学級	特別支援学級		通常の学級	特別支援学級	
314	491	805	62	109	171	376	600	976

　表5-3でみてとれるように、全国の公立小中学校において、日常的に医療的ケアが必要な児童生徒は976名であり、医療的ケアを受けながら、通常学級で学習している状況がある。障害者の権利に関する条約の批准を受け、地域の学校で学ぶための医療的ケアに係る体制づくりも必要となるだろう。

　地方公共団体によっては、医療的ケアに関しては、完全に看護師職に委嘱しているケースもあるが、特に、教科学習を中心とした教育課程が編成されている通常学校においては、校内の特別支援教育に携わる教員が専門性の一つとして、認定特定行為業務従事者となる場合もある。通常学校の教員の中で、特別支援教育に関する学習歴がない教員は、医療的ケアに関する知識も少なく、医療的ケアを要する児童生徒の存在についても知見がない教員も多いことも推察される。特別支援学校の教員は、センター的役割の一つとして、地域の小中学校に対する医療的ケアにかかる体制づくりなどについての研修を行う必要が生じてくることも予測される。

表 5-4 行為別医療的ケアが必要な児童生徒数

医療的ケア項目		計（名）
栄養	●経管栄養（鼻腔に留置されている管からの注入）	59
	●経管栄養（胃ろう）	160
	●経管栄養（腸ろう）	8
	経管栄養（口腔ネラトン法）	1
	ＩＶＨ中心静脈栄養	26
	小　計	254
呼吸	●口腔・鼻腔内吸引（咽頭より手前まで）	79
	口腔・鼻腔内吸引（咽頭より奥の気道）	17
	●気管切開部（気管カニューレ内）からの吸引	151
	気管切開部（気管カニューレ奥）からの吸引	57
	経鼻咽頭エアウェイ内吸引	3
	気管切開部の衛生管理	79
	ネブライザー等による薬液（気管支拡張剤等）の吸入	34
	経鼻咽頭エアウェイの装着	6
	酸素療法	112
	人工呼吸器の使用	53
	小　計	591
排泄	導尿 ※本人が自ら行う導尿を除く	277
その他		166
合計（延人数）		1,288
医療的ケアが必要な幼児児童生徒数		976

注：＊公立の小学校、中学校（中等教育学校の前期課程を含む）を調査対象としている。
　　＊「医療的ケアが必要な児童生徒」とは、小・中学校において日常的に、看護師や保護者などから、経管栄養やたんの吸引などの医療行為を受けている者である。(本人が行うものを除く)
　　＊１人が複数の行為を要する場合は、それぞれ該当する項目に１名ずつ計上する。よって、「② 行為別医療的ケアが必要な児童生徒」の計は延人数となる。
出典：文部科学省（2014）「平成26年度小・中学校における医療的ケアに関する調査結果」

　表5-4は、小・中学校における行為別医療的ケアが必要な児童生徒数である。
　たんの吸引等（呼吸器関係）が45.9％、導尿が21.5％、経管栄養等（栄養関係）が19.7％、その他が12.9％となっている。これらの行為を実施する際には、学校やクラスの児童生徒といった周囲の理解や安全・衛生的

第5章　医療的ケアと本人・保護者への基礎的環境整備をめぐって

に医療的ケアが行うことができる環境設定も必要となるだろう。今後は、障害理解教育の中に、医療的ケアに関連する内容が含まれる必要もあると考えられる。尚、前述の認定特定行為業務従事者に許容されている行為は、小中学校においては、35.5％である。

表5-5　医療的ケアが必要な児童生徒数の推移

対象等 年度	医療的ケア対象児童生徒		
	通常の学級数	特別支援学級数	児童生徒数（名）
平成24年度	311	527	838
平成25年度	303	510	813
平成26年度	376	600	976

出典：文部科学省（2014）「平成26年度小・中学校における医療的ケアに関する調査結果」

　表5-5は、医療的ケアを要する児童生徒数の推移であるが増加傾向にあることがみてとれる。今後は、障害者の権利に関する条約や障害者差別解消法の施行を受け、地域の学校への就学を希望し、地域の学校で学ぶ児童生徒も増加することが予想される。

表 5-6 超重症児の判定基準

		(スコア)
1. 運動機能：座位まで		
2. 判定スコア		
(1)	レスピレーター管理 *1	10
(2)	気管内挿管、気管切開	8
(3)	鼻咽頭エアウェイ	5
(4)	O_2 吸入または、SpO_2 90% 以下の状態が 10% 以上	5
(5)	1 回 / 時間以上の頻回の吸引	5
	6 回 / 日以上の頻回の吸引	3
(6)	ネフライザー 6 回 / 日以上または継続使用	3
(7)	IVH	10
(8)	経口摂取（全介助）	3
	経管（経鼻・胃ろう含む）*2	5
(9)	腸ろう・腸管栄養 *2	8
	持続注入ポンプ使用（腸ろう・腸管栄養時）	3
(10)	手術・服薬にても改善しない過緊張で、発汗による更衣と姿勢修正を 3 回 / 日以上	3
(11)	継続する透析（腹膜灌流を含む）	10
(12)	定期導尿（3 回 / 日以上）*3	5
(13)	人工肛門　5	5
(14)	体位変換（全介助）6 回 / 日以上	3

注：＊1　毎日行う機械的気道加圧を要するカフマシン・NIPPV・CPAP などは、レスピレーター管理に含む。
　　＊2　(8)(9) は経口摂取、経管、腸ろう、腸管栄養のいずれかを選択。
　　＊3　人工膀胱を含む。

出典：厚生労働省（2010）

　表 5-6 は、医学的な概念である超重症児の判定基準である。これまで大学病院等への訪問指導や院内学級に在籍する児童生徒に上記の項目の医療的ケア及び医療行為が実施されることが多く、重度・重複障害の概念を超えたものであったが、通常学校の中にもスコアーが最も高い IVH（中心静脈栄養）を要する児童生徒が 26 名在籍していることを考えると通常学校における医療的ケアの知見は、今後必要となってくることが予測される。

3. 医療的ケアと本人・保護者への基礎的環境整備をめぐって
　― 本人・家族・教員の語りを手がかりに ―

　この節においては、医療的ケアをめぐる本人・家族・教員・看護師の語りを取り上げ、今後学校教育においてどのような基礎的環境整備が必要であるのか検討する機会としたい。尚、それぞれのインフォーマントには、学術研究で用いることについて、インタビューの際に了解をとっているが、本人の特定を防ぐため、語りの趣旨を損ねない程度に改変している部分もある。

（1） 本人の語り

　実際には、呼吸器は音が鳴ります。コンサートに行く際など、クラシックなどでは、どうしても呼吸器をつけていたら音っていうものが出て、その音が時には周りのひとの邪魔になることがあって、だからといって、呼吸器つけている人が音楽聴いたらあかんのかって、言うわけではないから、そのような面に配慮とか、音楽聴きにいくってことにあったらいいと思うことがあります。

　この語りからは、人工呼吸器の作動音のために、音楽活動や余暇活動に参加する際に周囲に気をつかっている本人の姿がみてとれる。特別支援学校、通常学校を問わず、医療的ケアを要する人々が余暇活動を楽しむことができるような環境設定や働きかけが学校教育においては求められるだろう。例えば、英国においては、Mousetrap Project[1]といった障害のある子どもが劇場や演劇を楽しめる企画がある。伝統がある劇場においても子どもたちの受け入れが進んでいる。日本においてもこのような余暇活動支援が望まれるだろう。

学校でしたら、人工呼吸器つけてることは、「医療的ケア」になるじゃないですか。「医療的ケア」っていうのは、現状はグレーゾーンで、医療関係者で行う学校もあれば、必要だということで、ケアしてくれるところもあります。
　逆に「一切できません」といったところもあって、ちゃんと配慮してもらえないところもあるじゃないですか。
　それもその学校の考え方によるから、たまたま運よくケアをしてくれる学校が見つかったらいいですけど、他行ったらやってもらえるかどうかについては、その保障がないと思います。
　やはり「医療的ケア」がいる人ってどうしても、行ける学校とかも制限されるとか、そういった問題もあると思います。

　この語りからは、医療的ケアがある場合は、受け入れてくれる学校と受け入れてくれない学校があり、行きたい学校が制限されることを示している。前述のように通常学校における医療的ケアを要する児童生徒数も増加していることを勘案すると、医療的ケアを要する児童生徒が入学を希望した際には、希望当初から「受け入れが不可能」と示すのではなく、どのような基礎的環境整備や合理的配慮ができるのか学校として検討をする必要があろう。

（2）　家族の語り
　うちの子どもも医療行為があるので、何かにつけて、家族なり看護師なりが同行しなければなりません。学校の先生なりとか、もっとできるようになればなあ…って。いつも親が、何かにつけてついているって環境が、ずっと続くのも、その子の成長や発達にとってどうなのかなって、親がいないところでの過ごし方も大事だと思います。医療行為についてもっと開けていくといいと思います。

第５章　医療的ケアと本人・保護者への基礎的環境整備をめぐって

　この保護者の語りからは、医療的ケアを要する子どものために、保護者が何かにつけて、同伴をしなければならない状況について示している。またこのように、学校教育の中にまで保護者が同席する状況がその子の成長や発達に与える影響についても懸念している。少なくとも教員の医療的ケアができるようになる状況を求めていることも理解できる。学校として医療的ケアのあり方の理解をしていくことも重要であると考えられる。

　医療的ケアがあるんですけれども、平日一週間のうち5日ぐらいヘルパーさん使っていますが、医療的ケアの部分で、ヘルパーさんができないとか、5日のうち、あと2日は、家族対応にしてるんです。土日は家族でないと対応できないのですが…

　この家族の語りからは、土日についてはヘルパーによる支援が受けることができず、家族の対応となっていることが示唆されている。平日は、仕事がある場合においても土日は家族が対応せざるを得ない状況を示している。
　学校においては、このような家族の家庭の状況も踏まえて本人や家族の支援について検討していくことが望まれるだろう。

　地域の病院っていうのが、例えば小児科であったり、整形外科であったり…、いろんな拠点に行かなければいけない。普通に総合としていろんな科があのスムーズに受診できるようになれば、今日はB市、今日はC市といったふうに行かなくてもいいんじゃないかなっていう風に、そういう社会になるのが当り前なのかなと考えます。

　この保護者の語りからは、複数科の受診を要する状況にあって、日々子

どもを診療が可能な遠方の病院に連れて行かなければならない状況があることを示している。障害のある子どもにとっては、ワンストップで診療等が可能になる社会であることが希望としてあげられている。

(3) 教員の語り

　吸引という行為ですね。本人にとっては痛いとか苦しいという治療ですね。だけど本人はその生きていく上で、生活していく上で吸引という行為等は常に必要な行為になっているので、それをどう主体的に受け止めていけるのかというようなところを、我々教師が本人の心理的状態であるとか、そんなところにアプローチをしていくというようなところが、教師としてのところかなと。苦しいということを上手く表出できるようにして、それを受け止めてやって、吸引したあと「あ、スッキリしたね」って「これでまた頑張ろうね」とか、そんなところを大切にしているんですね。

　体制、対応の体制がその学校によって違います。本校は看護師が常時いますが、看護師が校内にいるということで、我々教師が三号研修を受けて、医療的ケアを実施しています。まずそれが一つ大きな特徴的なところで、じゃあ学校でなぜ教師が医療的ケアをしなければいけないのかというようなところが本校では教育的、教育の一環として医療的ケアをしている、子供たちの健康安全を守るだけではなくて、教育としてというところが意味合いとしては大きな部分を占めているといえます。

　前述のように、医療的ケアの手技には、吸引などがあるが、健康な人でも、体内にチューブなどの医療器具を挿入されるのは不快であり、苦しいことであるが、日々、頻回の吸引を必要とする重度・重複障害のある児童・生徒は、それをことばに出せない分、本人の心理的状態を受け

止めていく必要がある。この語りからは、児童生徒の健康安全を守ることだけではなく、教育活動の一環としての医療的ケアに関する教員のポリシーが示されている。

(4) 看護師の語り

保護者の負担も大きく、思うように仕事もできません。子どもには大きくなってから就労できる保障もないため、保護者は働いて子どものために貯蓄する必要もあるのに、このことは悪循環になっています。

保護者にとってはかなりのストレスになっていると思いますし、毎朝、送迎を行っている保護者を見るたびに切なくなります。子どもには未来があります。子どもの可能性は大切にしてあげたいです。

この語りからは、日々保護者の相談にのり、保護者に寄り添う看護師の姿がみてとれる。医療的ケアを要する児童・生徒だけではなく、今後の学校現場においては、保護者も含めた形での基礎的環境整備も検討していく必要があるだろう。

4. 医療的ケアにおける基礎的環境整備に向けて

まず、本人の語りにあった内容であるが、医療的ケアがあると地域医療の不十分さや医療機器の携帯性などから、さらに生活圏が限定されてくるということである。「合理的配慮」についても、どれかが不十分であると他の事柄も影響を受けるため、結果的に、社会で排除を受けてしまうという構造になってくる。

「障害者の権利に関する条約」では、「合理的配慮」に関する条項が並列されており、確かにそれぞれの条項は、障害のある当事者を含めた研究や運動の成果が蓄積されたものであるが、複数の多様な「合理的配慮」

を要する場合には、社会への完全参加の困難が生じてくるということである。単に法的な規定だけではなく、企業は、携帯性の優れた医療機器を開発する医療的なケアを要する児童生徒が社会的な活動や余暇活動に参加できるような配慮をするべきであろう。

　併せて、「受け入れ可能な学校が制約される」といった意見もあげられていた。障害者差別解消法が実施されている今日においては、学校園においては、「どのようにすれば受け入れが可能か」というポジティブな姿勢を示すことが求められるであろう。

　次に、家族、看護師の語りであるが、医療的ケアがあると何かにつけて同伴を求められることや、ヘルパーを利用していても休日については家族が担っていること、遠方の病院まで赴かなければならないことが示されている。

　要田（1999）は、現在の日本においては、家族の中でも、性別役割分業の発想から家事や育児を中心に行う母親に、障害のある家族の介護などの責任がふりかかっていることを指摘する。現代の日本においては、「子育て支援」施設の拡充が各地でなされつつあり、「子育て支援」という用語も社会で浸透しつつある。しかし、依然として重度・重複障害のある家族をもつ保護者、特に、母親の負担は大きく、その現状については、一般に周知されていない現状がある。

　杉野他（2010）は、重度・重複障害のある家族のいる家庭 89 世帯に対して「子離れと福祉サービス」に関する量的調査を行っている（回収率 76.4%）。この調査によると質問紙の記入者は、母親が 91.2%、父親が 2.9% であった。また、母親 62 人に対して、障害のある子どもが一人暮らしができたと仮定した場合、「してみたいこと」の一位は、「旅行」「趣味・習い事・勉強・スポーツ・資格」であり、普段の介助で、社会一般の保護者が行っている余暇活動などの「したいこと」も十分にできていない様子を知ることができる。福祉サービスの利用で困っていることについても、医療

的ケアの必要な家族群（36人）と医療的ケアの必要でない家族群（19人）に分類し、集計した結果、医療的ケアが必要な家族群36人のうち約6割が「急な福祉サービスを利用できないこと」を、約4割が「送迎が必要であること」を困っていることとしてあげていることから、医療的ケアを要する家族の負担が大きいことを知ることができる。

　これらの調査内容は家族の語りである「医療行為があるため、何かにつけて、家族が同行しなければならない。いつも保護者が何かにつけてついているって環境が続くことも子どもにとってよくない」などの「子離れの希望」を示唆する発言と一致する部分がある。

　最後に医療的ケアに携わる教員の語りを取り上げた。

　この語りからは、児童生徒の健康安全を守ることだけではなく、教育活動の一環としての医療的ケアに携わっている教員のポリシーが示されている。

　飯野（2003）は「子どもの心に寄り添う医療的ケア」について、以下のような内容を項目を立てて示している。

- 「子どもが主人公であり、子どもの権利や主体性を尊重すること」
- 「適宜・適時性のあるケアが行われること。安心感・信頼感をもってケアが受けられるようにしていくこと」
- 「子どもが、自分の身体を良きものとする肯定的なボディーイメージを持ち、自己への信頼感を持てるようにすること。排痰の体験によって、痰を出すコツがわかるようになること」
- 「同時に、他者への信頼感・安心感が育つようにすること」
- 「痰の吸引が必要かどうかについて判断するのは、子どもの状態をよく知っている教員であること」
- 「集中して授業に向かう積極的な姿勢づくりや健康づくりの観点から、医療的ケアを指導の一環に位置づける状況づくりをすること

- 「授業の準備としての医療的ケアではなく、授業の一環として痰の吸引に取り組むための工夫を行うこと
- 「子どものコミュニケーションの能力を広げ、自己表現、自己選択、自己決定の能力が育つようにすること」
- 「健康状態が改善されて、授業に主体的に関わり、いろいろな取り組みを楽しめること等が、心理面、社会面での発展・向上につながる。この三者（からだ、心理、社会性）の相互の関連を意義づけること」
- 「自立活動等の教育活動に位置づけ、教育上の意義を明確にすること」

この内容からは、単に、医療的ケアを要する状況になったために医療的ケアの行為を行うということだけではなく、児童生徒との関係形成が教育活動の一環として重要であるということを示している。

本研究においては、最近の医療的ケアの状況について、概観した上で、医療的ケアをめぐる本人・家族・教員の語りを取り上げた。その中で、基礎的環境整備として考察し得る内容は、以下の通りである。

① 学校での受け入れ態勢について

障害者の権利に関する条約や障害者差別解消法においては、「合理的配慮」や地方公共団体等の「義務」が示されている。通常学校においても、医療的ケアを要する児童生徒の増加状況がみられる。それぞれの学校の受け入れについては、学校裁量になっている場合もあると考えられるが、医療的ケアを要する児童生徒が入学を希望する以前に、例えば、スクールクラスター内での医療的ケアに関する連絡協議会を設け、事前に学校としての受け入れ体制について協議しておく必要があると考えられる。

② 医療的ケアに関する障害理解教育について

後述するが、これまでの障害理解教育は、施設見学、疑似障害体験、障害に関する学習が中心となっていた。通常学校における医療的ケアを要する児童生徒の増加の状況も踏まえ、通常学校においても医療的ケア

を要する児童生徒の理解を促す教育や交流及び共同学習の研究が進められていくべきであろう。

③ 医療的ケアを要する児童生徒の保護者の負担軽減に関して

例えば、スクールクラスター内での医療的ケアに関する連絡協議会において、ワンストップ型の医療のあり方の協議を行うことや特別支援学校のセンター的役割を生かして、地域資源の一つとして、訪問看護師の紹介が可能な機能についても求められるだろう。

④ 医療的ケアにかかる教員研修について

通常学校に勤務する教員にとっては、医療的ケアに関する知見が少ないことも予測される。免許法更新講習で取り上げることや教員養成段階でシラバスとして組み込むこと、実技研修を行うことなども考えられる。

これまで、医療的ケアを要する児童生徒は、学校内での活動や校外学習などの制約を受けることもあった。余暇活動や地域活動を支えるために、地域の様々な人々が医療的ケアのイシューに携わることが望まれるだろう。

＜注＞
1　これは、http://www.mousetrap.org.uk/ に取り組みが紹介されている（閲覧日：2016年3月2日）。

＜引用・参考文献＞
飯野順子（2003）「子どもの心に寄り添う医療的ケアを目指して」『肢体不自由教育』第163号、日本肢体不自由教育研究会．
北住映二（2012）「医療的ケアとは」日本小児神経学会活動委員会 北住映二・杉本健郎編『新版 医療的ケア研修テキスト：重症児者の教育・福祉・社会生活の援助のために』クリエイツかもがわ、pp.10-12.
杉野昭博・新道由記子・松浦考佑（2010）『福祉サービスと子離れ・親離れ：宝塚市肢体不自由児者父母の会アンケート調査報告書』関西学院大学人間福祉学部．
高橋眞琴（2011）「医療的ケアを要する重度・重複障害のある人への社会的サポート

をめぐって：その現状と看護師の気づきの意味」『神戸大学大学院人間発達環境学研究科研究紀要』第4巻第2号、pp.29-38.
要田洋江（1999）「障害者差別の社会学」岩波書店.
文部科学省（2014）「平成26年度小・中学校における医療的ケアに関する調査結果」.
特別支援学校等における医療的ケアの実施に関する検討会議（2011）「特別支援学校等における医療的ケアへの今後の対応について」.

第6章

複数の障害種に対応する
特別支援学校での
視覚障害教育・聴覚障害教育に
おける専門性

盲・聾の文化は、古くから培われ、前述したように、日本では盲・聾教育が先行して発展してきた。このような文化的な背景には、知的障害教育や肢体不自由教育、発達障害に関連する教育的支援を中心として携わってきた教員も十分に留意するべきであるし、子どもたちへの情報保障がしっかりなされれば、学習上の制約や障壁は少なくなり、一定の教科学習も可能となるのである。本章においては、今日、複数の障害種に対応する特別支援学校での視覚障害・聴覚障害における専門性についての課題に取り上げることとする。まず、視覚障害教育における専門性についての課題については、筆者が全盲の研究者と共同研究を行った成果に言及する。聴覚障害教育については、知聴併置の特別支援学校に在籍する子どもの保護者からインタビュー調査を行った内容について言及する。

1．特別支援学校学習指導要領にみる視覚障害教育における専門性

　特別支援学校小学部・中学部学習指導要領においては、視覚障害者である児童及び生徒に対する教育を行う特別支援学校が行う学習の配慮事項としては、以下の内容が示されている（文部科学省、2009、p.50）。

- 「児童が聴覚、触覚及び保有する視覚などを十分に活用して、具体的な事物・事象や動作と言葉とを結び付けて、的確な概念の形成を図り、言葉を正しく理解し活用できるようにすること」
- 「児童の視覚障害の状態等に応じて、点字又は普通の文字の読み書きを系統的に指導し、習熟させること。なお、点字を常用して学習する児童に対しても、漢字・漢語の理解を促すため、児童の発達の段階等に応じて適切な指導が行われるようにすること」
- 「児童の視覚障害の状態等に応じて、指導内容を適切に精選し、基礎

的・基本的な事項に重点を置くなどして指導すること」
- 「触覚教材、拡大教材、音声教材等の活用を図るとともに、児童が視覚補助具やコンピュータ等の情報機器などの活用を通して、容易に情報の収集や処理ができるようにするなど、児童の視覚障害の状態等を考慮した指導方法を工夫すること」
- 「児童が空間や時間の概念を活用して場の状況や活動の過程等を的確に把握できるよう配慮し、見通しをもって意欲的な学習活動を展開できるようにすること」

中学部についても上記の内容について、高等部については、特別支援学校高等部学習指導要領で、上記の内容を一歩進めた形で学習指導上、配慮すべき点が記述されている。

2．視覚障害者の感覚認知について

　筆者は、特別支援教育に関連する講習において、5名の現職教員に対して、「触察用の布絵本を作成するという前提で、焚火のデザインを描く」といった課題を提示した経験がある。その際に、5名の現職教員全員が焚き火のデザインをするにあたって、鋭角の炎を描いたという状況があった。
　高橋・植村・佐藤（2016）は、このことに関連して、以下のように論じている。植村と佐藤は全盲の研究者である。
　「教育では、教員や保護者といった大人の経験や知見に基づき、子どもに教える。その教員や親は、多くの場合において晴眼者である。その大人たちは、前述した特徴をもつ絵本に描かれた世界が、正しい世界のとらえ方だとして視覚障害がある子どもにも教えていく。ところが、教えられている側の視覚障害がある子どもからすれば、示されたものは、自

分が体験している世界とは全く異なるものなのである。

（中略）布の絵本とは、視力がある子どもと視力がない子どもとが一緒に楽しむことができるように、布で製作した絵本である。絵の部分には、色の付いた布が貼り付けられている。これによって、視力がある子どもは視覚によって、視力がない子どもは触覚によって、読み進むことができるように工夫されている。つまり、視覚的な絵を触覚的な絵に転換するのである。しかし、この転換の仕方が問題なのである。例えば、鍋で料理が煮え立つ様子を描くとき、視覚的には鍋と湯気を白く波打って立ち上る線で表現する場合がある。しかし、視覚障害者は、煮え立つ鍋をそのようには知覚していない。」

前述の「触察用の布絵本を作成するという前提で、焚火のデザインを描く」という場合においては、火の暖かさ、熱を示すためには、冷たい印象を与える鋭角ではなく、温かい印象を示す丸みを帯びた形でデザインされることが望ましいのではないだろうか。視覚障害のない健常者にとっては、その部分が思いいたらない場合があるが、視覚障害者の認知や触察の特性について理解しておくことが必要だろう。触察については、視覚障害教育の中核的な知識であり、自分が基礎的な知識を理解しているだけではなく、他者に対しても教示可能な知識を習得していることが重要である。環境認知の過程、自己定位や特性については、知識だけではなく、実際に体験した中で、児童・生徒自身が指導されたスキルを生活面や学習面で活用できることが望まれる。例えば、英国においては、通常学校においてもSensory Roomという様々な感覚を体験する部屋が地域によっては、各学校に設置されている。その部屋で、教員は複数の障害種の子どもたちと感覚を介したコミュニケーションを行っている。

このようなコミュニケーションは、「特別支援教育」の文脈だけではなく子どもたちを理解する上で、一般化されるべきであろう。

■3．視覚障害のある児童・生徒のキャリア形成について

　特別支援学校（視覚障害）の教員として、キャリアガイダンスや進路指導に関する実践的知識は、必要不可欠である。

　『特別支援学校高等部学習指導要領』（2009年3月告示）における「教育課程の実施等に当たって配慮すべき事項」の欄には、「生徒が自己の在り方や生き方を考え、主体的に進路を選択することができるよう、校内の組織体制を整備し、教師間の相互の連携を図りながら、学校の教育活動全体を通じ、計画的、組織的な進路指導を行い、キャリア教育を推進すること」と記載されている。だが、果たして「計画的、組織的な進路指導」に向けて、校内体制を整備し、教師間で緊密に連携できている特別支援学校（視覚障害）は、現在、全国にどれぐらいあるだろうか。体制整備や連携に苦慮し、現在もなお、進路指導に関するノウハウや情報の収集・蓄積が困難な特別支援学校（視覚障害）も少なくもないと考えられる。

　西日本の特別支援学校（視覚障害）に、全盲の子どもを通わせていた保護者は、進路指導の脆弱さについて、苛立ちを示すエピソードを記している（高橋・佐藤、2016）。

　鍼灸・マッサージの道しか知らない進路指導部の先生方からは、ネットで検索できる程度の情報しかもらえません。特別支援学校（視覚障害）に通っているにもかかわらず、模試も高校2年の秋にやっと受けさせてもらい、悲惨な成績が返ってきて、やっと本人にも「やらなくちゃ、困る」という気持ちが芽生えてきた2年の終わりでした。春から高校3年生。志望校も決めないといけません。本当に本人がやりたいことなのか？と言われても何が出来て、何に挑戦できるのか？どんなものがあるのか？どれだけ色々な道があるのか？ 本人が一番分からなくて困っているようです。20年近く勤め、専門性があるといわれている先生方の考え方を根本

から変えてもらいたいと強く思いました。
（特別支援学校（視覚障害）高等部普通科生徒保護者のコメント：201x年2月）

　教員が理療科以外の進路についての知識やビジョンをほとんどもたず、実際に進路を開拓し確保するためのツールやリソースも十分に蓄積できていないといった視覚障害特別支援学校は珍しくない。例えば、現在の「進路指導部」は、小・中・高それぞれの学部から選任された教員によって構成されており、重複障害のある児童・生徒の進路先に関する情報の交換が進路指導部の主たる機能の一つとされているために、学部独自の進路指導を行いにくく、個々の生徒の具体的な進路の問題については、実質的には、担任が責任の主体となっているようなケースもみられる。

4．聴覚障害教育に求められる教員の専門性〜保護者の語りより〜

　ここまで視覚障害のある教員からみた教員の専門性について、共同研究の結果を参照しながら検討した。この節においては、聴覚障害教育に携わる教員の専門性について検討をしていきたい。以下は、聴覚障害のある子どもを聾学校に通わせている保護者の語りである。
（特別支援学校（聴覚障害）中学部生徒保護者のコメント：201x年2月）

（1）　ろう者の人権と手話の専門性を

　もっと専門性を高めてほしいというところで、ろう者の歴史であったり、手話という言語がどのようにできてきたかとか、現在どのような使われ方をしているか、あとは、聴覚障害者の人権であったり、そのようなことをもう少し詳しく勉強して、学んだ上で教育現場に来てほしいと思います。あとは、手話のスキルです。ろう学校の児童・生徒全員が手話を使うというわけではないのですが、やはり、重度の障害のある子ど

もにおいては、手話で、コミュニケーションや授業を行うことが一番円滑かと思いますので、また、専門的な授業内容になると、手話の技術についても高いスキルが求められるので、そのような場での教育に当たる際には、手話力を磨いて、教育に当たってほしいと思います。重度の障害のある子どもは、言語としてことばを聞き取れないので、どうしても視覚からしか情報が入ってこないのです。ということを考えた場合、手話が一番頭に入りやすい、わかりやすい言語ということです。

　この語りからは、聾学校に赴任する教員は、ろう者の人権や歴史を学んだ上で、赴任してほしいことや、手話について、一定上のスキルを身につけた上で、赴任してほしいことを示している。
　話している保護者は、少なくともろう者の人権や歴史について、学んでいることから教員の知識量を判断しているし、手話の技術についても、研鑽を積んでいるため、スキルの状況について。評価していると推察できる。従って、聴覚障害教育に携わる教員は、教える以上、これらの知識や技術があることを前提としているのである。

（2）　学習面について

　ちょうど、子どもが入学した際に、特別支援教育が本格実施になり、聾学校から、特別支援学校になりました。知的障害のお子さんも一緒に学習するというシステムになりました。そのあたりで、知的障害のお子さんとは、できることが異なるので、不都合が生じるようになりました。特に、体育の授業においては、それが顕著で、どうしても体力のないお子さんにカリキュラムを合わせるので、ポテンシャルはあるのに、運動量が足りない、運動神経が伸びないという悩みがありますね。学校としては、どの子どもも、その子どもに合った教育をというテーマで努力はしてくださっていますが、どうしてもやはり、限界があると思いますので、

そのようなカリキュラムの面が、今後聾教育の課題になっていくのではないかと思います。
　カリキュラムは、どうしても子どもによって変わる必要があるのに、特定のお子さんの特性に偏る傾向があります。知的障害がない場合には、一般のお子さんと変わりがない形となります。当然、音楽や体育など本人が精いっぱい取り組みたい授業があるのです。その部分は、教員にとっても授業を受ける児童生徒にとっても厳しい部分があるのではないかと思います。できれば、聴覚障害に特化したカリキュラムというものも提案していただきたいと思います。ろう児専門のカリキュラムです。

　この語りからは、子どもに身体能力はあるのに、知的障害のある生徒に合わせるカリキュラムをとっている聾学校に対して苛立ちを示していることがわかる。
　特別支援教育は、幼児児童生徒一人ひとりの教育的ニーズに応える教育である。集団授業においても、集団としての活動内容の検討は必要であるが、授業内において、一人ひとりの目標も意識する必要がある。特に、障害の重度・重複化の傾向がある視覚障害特別支援学校、聴覚障害特別支援学校においては、今後留意する必要がある内容であろう。

(3)　複数の障害種の併置について
　知的のお子さんとの交流が生まれて…というのは、確かに理想です。お互いの障害について知って、交流が生まれるのは素晴らしい教育環境だという見方もできると思うのですが、どちらかというと安全性の面などでのデメリットもあるのではないかと思うのです。

　先に述べた知肢併置特別支援学校における課題に関する教員の自由記述でも言及されていたが、知聾併置の特別支援学校においても保護者が

交流や安全面について、課題を感じていることが見てとれる。

　また、このような安全面に関する意見が出るのは、複数の障害種の児童・生徒や障害の重度・重複化に伴い、保護者からみると学校教育の現場での教育や支援に余裕が感じられないためではないだろうか。日本の学校現場においては、教員は非常に多忙であり、施設や設備、個別の教育支援計画、個別の指導計画、関係諸機関の連携、安全面の配慮など担当する子どもの教育的支援は、担任であったり、主に担当する教員がすべて担っている状況がある。

　一方、英国の学校においては、通常学校においてもリスクマネージメント、言語訓練、聴覚検査など、聴覚障害のある子どもたちの支援は、それぞれの専門職が、学校の中で分業している。ＴＡという制度も充実している。

　行動面の支援については、'Inclusion Behavior Team'というチームも学校内で存在する。安全性についての議論がなされる前に、教育、療育、関係諸機関の連携がなされるため教員に余裕も生じている。複数の障害種の併置に関しては、教員の人員配置や役割の分担についても議論が必要であろう。

（４）　通常学校のインクルーシブ教育について

　普通の公立小学校においては、聴覚障害児に対する配慮は特に、なされていないのではないかと思いますので…例えば、手話ができる教員が通常学級に配属になっているかどうかです。重度の子どもの場合は、通常学校の選択については悩みます。ある程度自分で発話できるお子さんが地域の学校に行く傾向があります。そのようなお子さんの場合、普通に会話できているということで、教員がダンピングする場合も見受けられます。本当は聞こえていないのに、わかったふりをする現実があり、気が付いたら、学習が大幅に遅れてしまっている場合もあると聞きます。

教材についても子どもの聴力に依存する部分があります。やはり、視覚をとても頼りにしていますので、視覚的に理解しやすいものがあると、例えば教室内の掲示物であったり…。あとは、補聴器や人工内耳をつけているお子さんに対して、周囲の子どもたちへの説明、例えば、大きな声を出したり、音を立てるととても本人にとっては、うるさいということです。このようなことを先生方に周知徹底していただけると保護者は安心できると思います。

　この語りからは、通常学校においては、手話が可能な教員はあまり勤務しておらず、子どもが入学しても学習がうまくいくかどうか懸念している様子が見てとれる。障害者の権利に関する条約においては、「自己の生活する地域社会において、障害者を包容し、質が高く、かつ、無償の初等教育を享受することができること」について述べられている。
　本来は、聴覚専門の遠方の学校に通わなくても、自分の居住する地域で、聴覚障害に関する専門的な教育を受けることができるのが望ましく、この保護者の語りからは、少し、あきらめに近いものも感じ取ることができる。まず、地域の学校においては、どのような障害種の子どもたちが就学を希望しているのかを把握する必要もあるし、子どもたちに応じたカリキュラムを立案する必要があろう。そのカリキュラムに応じた人員配置も必要である。例えば、当該学校で手話によるコミュニケーションが必要とされる場合には、もちろん当該校に勤務する教員研修も実施する必要があるが、大学の手話サークルの学生ボランティアや支援サポーターなどの活用も積極的に検討する必要があるだろう。また、このような支援に関するマネージメントは、学校管理職や特別支援教育コーディネーターが積極的に関与していく必要があろう。
　通常学校においても手話が可能な教員の勤務が望まれるとともに、周囲の児童に聴覚障害のある児童のる理解をどのように促していくかが課

題となるだろう。

（5） 余暇活動について

　現状の聾学校だと、やはり遠隔地から通学してくる子どもがいるために、長時間のクラブ活動は実施されていないという現実があります。夏休みなどの長期休みにおいてもやはり、部活動の量が少ないということがあるので、保護者の希望としては、そのあたりも健常の子どもたちに準ずるぐらいの活動量を確保してほしいという希望があります。

　この語りからは、児童生徒の通学が遠方のため、子ども自身には体力があるにもかかわらず、部活動については通常学校のように十分時間が確保されていないもどかしさを感じているように思われる。例えば、通常学校における聴覚障害のある生徒の就学がより進めば、生徒にとっての部活動や余暇活動の幅ももっと広がる可能性があるだろう。

（6） 進路指導について

　最近、障害者雇用枠というものができてからは、少し前よりは、一般企業に就職できるという希望が出てきたと思いますが、むしろ保護者の立場としては、就職してから先の職場での基礎的環境整備、情報保障までカバーしていただけると安心です。就職しただけということではなく…。

　最近は、障害者雇用枠で就職も可能も期待できるが、就職後も基礎的環境整備や情報保障があることで、保護者としては、何とか安心できるということを述べている。

おわりに

　本章においては、視覚障害教育における専門性と聴覚障害教育における専門性について、筆者らの研究やインタビュー調査の内容を参照し、検討を加えた。

　特別支援教育の実施以降、地域の特別支援学校には、多様な児童・生徒が入学するようになった。しかし、盲教育、聾教育においては、これまで培ってきた文化があり、保護者もそれに期待して子どもを入学させている面がある。

　多様な子どもが在籍する場合、教育課程の編成は複雑となるが、複数の障害種の児童生徒が在籍する学校では、さらなる研究が必要であろう。

　視覚障害や聴覚障害のある児童生徒をの担当する教員として必要となることは、学習活動の基盤、例えば点字の読み書きや手話の技術、補助具の運用技法などについての基礎的な知識があげられる。一定程度の水準の知識、つまり、自分が基礎的な知識を理解しているだけではなく、他者に対しても、十分指導が可能なだけの知識を習得していることが、この領域における専門家としての必須の要件であるように推察される。また、環境認知に関する理解や見識があげられる。

　実際に、児童・生徒を前にして、教科指導を十分に遂行するためにも、また自立活動を適切にデザインするに当たっても、これらは、準拠・参照すべき前提的な知識体系となるはずである。また、キャリアガイダンスや進路指導に関する実践的知識や情報保障に関する内容である。技術の進展と普及、就労支援制度の整備・拡充に伴い、一般就労の可能性は以前に比して確実に拡大している。こうした現状を念頭に置きながら、就労状況をめぐる豊富な知識に基づき、計画的・積極的に進路指導実践を展開できることが必要であろう（高橋、佐藤、2016）。

第6章　複数の障害種に対応する特別支援学校での視覚障害教育・聴覚障害教育における専門性

＜引用・参考文献＞

高橋眞琴・佐藤貴宣（2016）「特別支援学校（視覚障害）における教育課程上編成上の課題と教員養成―スポンジ機能とスプリング機能に着目して―」『鳴門教育大学研究紀要』31号.

高橋眞琴（2015）「肢体不自由教育における専門性とは（2）―知肢併置特別支援学校に関する議論をめぐって―」『神戸大学大学院人間発達環境学研究科研究紀要』第8巻第1号.

高橋眞琴・植村要・佐藤貴宣（2016）「視覚障害児のインクルーシブ教育における支援の組織化―視覚障害教育の教材供給の論点整理のために―」『教育実践学論集（兵庫教育大学連合大学院）』第17号.

文部科学省（2009）『特別支援学校幼稚部教育要領　小学部・中学部学習指導要領 高等部学習指導要領（平成21年3月告示）』海文堂出版、p.50.

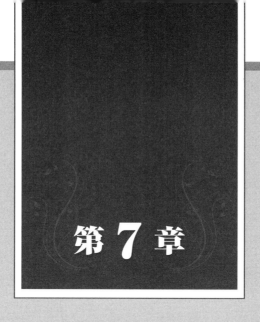

第7章

神経科学的知見からみた インクルーシブな関わり

これまでの章においては、障害の概念の捉え方について、言及してきた。「医学モデル」とは、障害を疾患や身体機能から生じるもので、個人の問題として捉える考え方で、主な着目点は、医療にある。一方「社会モデル」とは、障害は、社会環境によって作り出されると捉えている。主な着目点は人権にあるという内容を前述したが、本章においては、神経科学的知見からみた社会との相互作用と障害との関係について、少し検討を加えていくこととする。

1. 医学分野における知的障害の定義

　例えば、医学分野での知的障害の定義について考えてみる。American Psychiatric Association（アメリカ精神医学会）(2013) のDSM-5においては、知能指数による知的障害の診断が見直されており、The conceptual domain（概念的領域）、The social domain（社会的領域）、The practical domain（日常的領域）の3つの領域における適応について、総合的に判断する形になっている。

　The conceptual domain（概念的領域）には、language（言語）、reading（読解）、writing（筆記）、math（数学）、reasoning（推理）、knowledge（知識）、memory（記憶）が含まれている。The social domain（社会的領域）には、social judgement（社会的判断）、interpersonal communication skill（二者間あるいはグループでの情報交換力）、the ability to make and retain friendships（友人をつくり、関係を保持する能力）などが参照される。

　The practical domain（日常的領域）においては、personal care（個人の身の回りのケア）、job responsibilities（職業上の責任）、money management（金銭管理）、recreation（余暇活動）、organizing school and work tasks（学校や仕事上の課題の組織化）に重点が置かれている。

　このように、DSM-5においては、学習上の能力以外にも知的障害のあ

る人と社会との関係性や日常生活上必要とされる力が、より重視される傾向に変更されたことが理解できる。

aaidd（American Association on Intellectual and Developmental Disabilities）[1]は、知的障害について、「知的機能及び適応行動（日々の社会的、日常的なスキルによって表わされる）の双方の顕著な制約によって特徴付けられる障害である。この能力障害は18歳までに現れる」と定義している。同定義においても、Conceptual skills（概念的スキル）、Social skills（社会的スキル）、Practical skills（日常的スキル）という領域が掲げられている。

Conceptual skills（概念的スキル）には、language and literacy（言語とリテラシー）、money（concepts）（金銭（的概念））、time concepts（時間（的概念））、number concepts（数的概念）、self-direction（自己決定）が含まれている。学習的な内容以外にも、生活に密着した概念も例示されている。

Social skills（社会的スキル）には、interpersonal skill（二者間やグループ間でのスキル）、social responsibility（社会的責任）、self-esteem（自己肯定）、gullibility（欺き）、naïveté（wariness）（警戒心）、social problem solving（社会的問題の解決）、the ability to follow rules/obey laws（ルースや法律に従う能力）、to avoid being victimized（犠牲になるのを回避すること）がある。この内容からは、自分自身をマネージメントする力や障害の有無にかかわらず、求められる力であろうが規範意識や危険回避が含まれていることがわかる。

Practical skills（日常的スキル）には、activities of daily living（personal care）（日常生活動作（個人の身の回りのケア））、occupational skills（職業上のスキル）、healthcare（健康管理）、travel/transportation（旅行／交通機関）、schedules/routines（スケジュール／ルーティン）、safety（安全）、use of money（金銭の使用）、use of the telephone（電話の使用）な

どがある。

このように、aaiddにおいても、生活上や社会上のスキルが重視されている傾向がわかる。

「医学モデル」とは、障害を疾患や身体機能から生じるものと捉えられており、疾患を治療することに重点が置かれていると前述したが、DSM-5やaaiddにおける知的障害の定義の前提として、障害のある人の機能の制約は、地域社会における仲間や文化などの状況の中で考慮する必要があることや文化的、言語的な多様性を尊重していく必要があることが理解できる。

2．障害と生態学的システム

田中（2015）は、支援の目的は、人間の発達、教育、関心、幸福を促進することにあり、個人の機能は、社会における対人関係、役割、健康などの相互作用から生じるため、障害とは、社会的状況において、個人が受ける制約についての表現であると述べている。併せて、ユリー・ブロンフェンブレンナー（Urie Bronfenbrenner）の生態学的システム理論（ecological systems theory）を参照し、支援の方法にもミクロなものからマクロなものまであると述べている。

つまり、国家レベルの福祉制度、学校教育や地域での支援、また、生理学的な基礎研究などが支援として存在するということである（図7-1）。例えば、医療的ケアを要する子どもの支援について考えてみた際に、保護者のレスパイトは、福祉制度や保護者の職場での人間関係が密接に関係しているし、学校教育において医療的ケアのある子どもの支援を行う際に、生理学的基礎知識やカニューレーションの基礎知識があるのとないのとでは、緊急時の対応など全く異なる。医療的ケアの制度や体制についても時代の経過とともに変化するため、以前は、医療的ケアの手技

第 7 章　神経科学的知見からみたインクルーシブな関わり

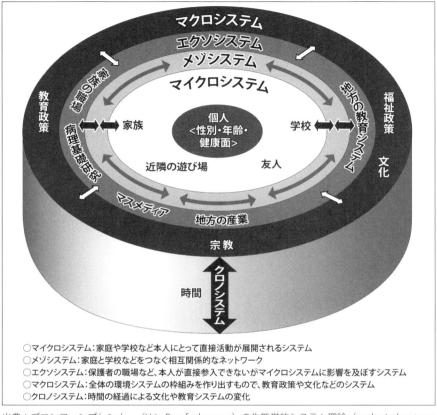

出典：ブロンフェンブレンナー（Urie Bronfenbrenner）の生態学的システム理論（ecological systems theory）より筆者作成

図 7-1　障害と生態学的システム

が認められていなかった支援者が現在は、認められるようになったことで、医療的ケアを要する子どもの生活の質も変わってくるのである。

3．脳の発達と可塑性

　可塑性とは、外から力が加わって起こった変形が、力が取り去られてもそのまま維持される性質のことを意味する。具体的には、シナプスで

の伝達効率、形態の変化、神経細胞の新生などがあげられる。

　例えば、生後、障害が判明していたとしても、本人が喜べる生活的、社会的、学習的な情報は多い方がいい。そのような良い情報をなるべく早く与えていくと神経回路の変化が生起し、シナプスの伝達効率などが変化し、脳の可塑性が起こるということである。

　当然ながら、脳神経回路は、胎児のときにつくられるが、誤った回路も含まれている。それが、生後、経験や体験によって、正しい回路に置き換えられる（細胞死）。生後の生育環境は非常に重要になってくる。特に、高次機能においては、著しい傾向がみられる。数億個ある神経同士で、どういうメカニズムで正しい神経回路ができるかについては、未知な部分である。インクルーシブな状態においては、神経回路の変化が生起し、シナプスの伝達効率などが変化することも考えられるため、早期にそのような環境で育つということは重要であろう。

4．臨界期について

　図7-2は、ジーニーとイザベルの事例である。

　ジーニーの父親は、極度の子ども嫌いであった。母親は、盲目であった。ジーニーは、一人の部屋で完全に孤立して育てられた。発育は正常であった。ジーニーは、13歳で保護され、1年間の教育を受けたが、赤と緑ということばの意味がわかる程度であった。その後3年間の教育を受けたが、数百の言葉の意味を覚えた程度であった。

　イザベルの母親は、会話をすることができないため、イザベルは、0歳から6歳まで孤立した環境で過ごした。その後、約2年間の教育を受けた結果、一般の子どもと同様の会話ができるようになった。

　従って、言語機能など高次の脳機能の発達は生後の学習によって生じ、言語学習における臨界期の存在を示す。この時期には、インクルーシブ

第 7 章 神経科学的知見からみたインクルーシブな関わり

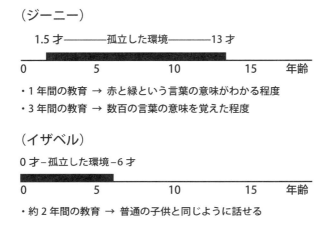

図 7-2 臨界期（critical period）の存在

な状態で、他者との関わりや会話をすることの重要性を示している。

5. ストレスと仲間（peer）の存在

　ノルアドレナリンは、ストレスによって上昇する傾向がある。松下（2010）は、ラットに心理的ストレスを負荷する実験を行った。そして、等しいケージで飼育したラットを介入させた場合とそうでない場合を比較した。介入させた場合、ストレスによって引き起こされたノルアドレナリンの分泌量が減少した。
　一方で、被検体と他ケージのラットを介入させた場合には、このような現象は見られなかった（図 7-3）。
　従って、いわゆる仲間（peer）の存在は、ストレスを緩和する効果があることを示唆している。

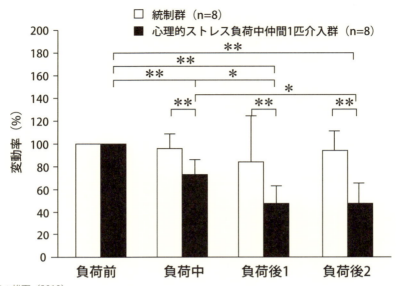

図7-3 仲間（peer）によるストレスの軽減

6. 肯定的な関わりの重要性

　肯定的な関わりをすると脳内のドーパミンの放出が増えるということはよく知られている。その結果、心地良い感覚が生じる。教育実践において、そのような知見に基づいた指導や支援を行うことは重要であろう。障害のある子どもと障害のない子どもが共に学んでいる状況で、ほめられる体験を多くすることによって、自分が承認されている感覚を得ることやモチベーションを高めることが予想される。そのような環境づくりを行うことも非常に重要であろう。

　例えば、一斉授業において、教員がある課題を提示した後、児童・生徒は、解答が判明すると、即座に挙手する状況があったとする。その場合において、挙手できなかった児童・生徒は、ストレスを感じるケースも考え

られる。また、支援者が横についていることで、ハンディを感じることもあるだろう。そのような体験が積み重なることによって、自己肯定感が低下することも予測される。

　英国自閉症協会の'The SPELL approach'[2]にもPositive（肯定的）とEmpathy（共感）という項目が含まれているが、英国においては、少人数グループでの協同的な学習形態が定着している（高橋・津田・久井、2009）。

　英国の肯定的かかわりと協同的な学習は以下のように説明できよう。

　「例えば、一斉授業で、ある生徒が挙手をして発言の機会を得ようとする際に、別の生徒が指名されて答えるとそのチャンスを失う、あるいは、自分と同じ答えを先に言われてしまうという関係は『競争的な関係（否定的相互依存）』である。一方、自分の目標を達成するためには、グループの目標を達成しなければならない。同時に自分が目標達成しなければグループの仲間も達成できない。このような関係は『協同的な関係（肯定的相互依存・互恵的な関係）』なのである。」（日本協同教育学会、2016）

　インクルーシブな関わりや多様性を尊重する場合には、このような互恵的な関係の中で様々な障害のある子どもたちが生き生きと活躍できる場が生み出されるのではないかと予測される。

　前述したように仲間関係が強いとストレスが軽減される可能性があるため、インクルーシブ教育システムにおいては、仲間同士を媒介した学習形態（高橋、2011）についても検討する必要があるのではないだろうか。

　本章においては、医学分野における障害の定義の変化やブロンフェンブレンナー（Urie Bronfenbrenner）の生態学的システム理論を参照した上で、神経科学的知見からみたインクルーシブな関わりについて、事例の検討を行った。

まず、言語発達には臨界期があり、インクルーシブな状態でコミュニケーションを行っていくことや適切な教育の重要性が示唆された。松下・田中（2007）の研究においては、ストレス負荷時における仲間（peer）の存在は、ストレスを軽減することを示唆している。

　中央教育審議会（2014）は、「児童・生徒の認知力や 適応力、学習力等の機能の発達は、感情の動きである「情動」が基礎であり、様々な複雑な背景から生起する行動についても、「情動」の発達におけるひずみが極めて重要な因子の一つである」と示している。

　「扁桃体、海馬、前頭葉などの脳の部位は、記憶や学習などを含む認知機能に、密接に関与している。例えば、幼児期の養育環境は、エピジェネティックな機構を介してステロイド受容体の発現を調節し、視床下部―下垂体―副腎（HPA）系の心理的脆弱性を生み出している」（中央教育審議会、2014）。また、すべての感覚は、扁桃体と関連しており、自閉症児にみられる感覚の過敏や鈍麻もその例である。

　ブロンフェンブレンナー（Urie Bronfenbrenner）の生態学的システム理論に依拠して検討すると、インクルーシブ教育システムは、教育分野での地域のスクールクラスターの構築（個人⇔マイクロシステム⇔メゾシステム⇔エクソシステム間の相互作用）にとどまらず、障害のある児童・生徒と学習環境との相互作用によって生じる障壁を踏まえ、神経科学的知見と教育との関係について、参照していくことも考えられるだろう。

＜注＞

1　aaidd（American Association on Intellectual and Developmental Disabilities）による知的障害の定義は、http://aaidd.org/intellectual-disability/definition#.VtEPofb4eM8　で閲覧可能（閲覧日：2016年2月28日）。
2　The SPELL approach については、http://www.autism.org.uk/get-involved/about-us/website/spell.aspx　で閲覧可能（閲覧日：2016年2月28日）。

<引用・参考文献>

American Psychiatric Association (2013) Diagnostic and Statistical Manual of Mental Disorders Fifth Edition.

高橋眞琴・津田英二・久井英輔 (2009)「特別な教育的ニーズに関わる支援者の態度形成—英国マンチェスター地区実態調査からの考察—」『神戸大学大学院人間発達環境学研究科研究紀要』pp.83-92.

高橋眞琴 (2011)「重度・重複障害のある子どもに対するピア・モデルに基づく学習の効果：運動感覚とコミュニケーションに焦点を当てて」『特殊教育学研究』第49巻第4号、pp.395-404.

田中淳一 (2015)「平成27年度徳島県教育委員会免許法認定講習（知的障害者の心理・生理・病理）」資料.

中央教育審議会 (2014)「情動の科学的解明と教育等への応用に関する調査研究協力者会議 審議のまとめ」.

日本協同教育学会 (2016)「協同学習法ワークショップ<ADVANCE>ver.2.1 資料集」.

Bronfenbrenner, U. (1979). The Ecology of Human Development: Experiments by Nature and Design. Cambridge, MA: Harvard University Press.

松下弘二 (2010)「ラットにおける脳内ノルアドレナリン分泌動態からみた心理的ストレスの評価—孤独時と他個体介入時の比較—」『摂南大学教育学研究』第6号、pp.65-74.

文部科学省 (2009)「現行学習指導要領・生きる力」http://www.mext.go.jp/a_menu/shotou/new-cs/idea/ で閲覧可能（閲覧日：2016年4月6日）.

＊実験は、松下弘二、田中淳一によって、2007年度に鳴門教育大学で実施されている。

第8章

学校・家庭・地域との連携

インクルーシブ教育システムにおいては、スクールクラスター（地域の教育資源）について、示されている。地域の教育資源とは、学校教育ののみならず社会教育施設も含まれると考えられる。本章は、社会教育・地域教育の文脈に立って、地域住民と障害のある子どもたちとの関係について考えていきたい。

1. 学校・家庭・地域住民等の相互の連携協力

2006年の「教育基本法」の改正に伴い、「学校・家庭・地域住民等の相互の連携協力にかかる努力義務」が伴うようになった。2008年に最終改訂となった「社会教育法」の第三条第三項においても、「社会教育が学校教育、家庭教育と密接な関連性があること」について述べられ、「学校・家庭・地域住民、その他関係機関の相互間の連携と協力の促進」について、明記されている。第二次世界大戦後の日本の復興期に、寺中（1949）は、「社会教育は社会の中にある教育であり、生活の中にある教育である。法制では規制しきれない教育活動の分野である」と述べ、以来、社会教育は学習者の自由な発想に基づき行われるべきであるという視点で実践がなされてきたことから、社会教育関係者間でそのあり方についての批判的に議論が行われている。末本（2004、p.9）は、「社会教育は地域社会での住民としての生活と結びついた学習、ないしはその支援を指すことである。」と述べ、日本の社会教育の特徴を述べているが、現行の教育基本法や社会教育法に努力義務が明記されているという点においては、看過できない課題であるともいえよう。

特に、特別支援学校においては、「学校・家庭・地域住民等との相互の連携」については、児童・生徒の将来的な地域での生活を見据える上でも、重要であるし、他校種と比較しても、より連携が求められるといえる。

このような「学校・家庭・地域住民等との相互の連携」が行われる場

面では、子どもの成長・発達を捉えるプロセスを支援する教育学的観点から活動を捉えることも必要であろう（笹井、2011、p.17）。

■2．学社連携、学社融合の潮流

　ここで、学校・家庭・地域の連携の基盤とされる「学社連携」「学社融合」の考え方についての先行研究を整理しておく。戦後の社会教育においては、寺中（1949、p. 10）が、「社会教育は、本来国民の自己教育であり、相互教育であって、国家が指揮し統制して、国家の力で推進せらるべきものではない」「一定の教育綱領と指導理念に従って、人を練成強化するというような方法は避けられるべきである」と述べており、佐藤（2006、p.61）も、「社会教育では、学習の自由を奨励することが本旨であるとされ、教育の価値的な領域が自己決定にゆだねられる自己教育観にたっている。こうした自由で自己主導的な学習こそ、現在国際的に共通理解されている生涯学習論のもっとも重要な特質であり、そこは規範的、道徳的理念を国家的に方向づける教育観と相いれない」とし、学校教育とは異なる社会教育の本質について述べている。

　しかし、宮原誠一が1941年にすでに「教育の社会計画」において、「こんにち学校教育と社会教育とはその関係を根本的に再調整されるべき段階にいたっている」と指摘しているように、生涯学習の体系化は、社会教育における学習組織化の原理と方法の上で課題であるとされている（佐藤、2004、p.16）。

　1980年代に入ると、川崎市では、様々な子どもを取り巻く問題が生じたことから「川崎の教育を語る市民会議」が開催され、1990年には教育推進事業の中に地域教育会議が設置された。大阪府においても、2000年代に「教育コミュニティ」の理念のもとに、「学校と地域社会が協働して子どもの発達や教育のことを考え、具体的な活動を展開していく仕組み」

づくりのもとに地域教育協議会が設置された（上野、2004、p.65）。

　1988年、臨時教育審議会は、文教政策全体について、学校教育を含めた生涯学習体系への移行を目指すものとして社会教育局を改組し、生涯学習局を設置した。1990年には、「生涯学習の振興のための施策の推進体制等の整備に関する法律」が成立し、特に都道府県における事業の推進体制と地域生涯学習振興方策を規定している。生涯学習と学校教育との関係については、中等教育や大学・高等教育を成人にとって利用しやすい教育機関として開放する種々の改革を実施した。

　その後、経済、社会のグローバル化が進んでいった。学校でもいわゆる「学級崩壊」現象が顕在化し、青少年犯罪や幼児虐待等の社会問題が現出した。このような状況に対応するため、2000年には、教育改革国民会議が発足した。議論の中では、「社会の都市化や少子化の進展を背景とした家庭や地域社会の『教育力』の著しい低下」、「青少年の間での「公」を軽視する傾向」、「学校制度や入試の在り方など現状の教育システムが、一人ひとりの個性や能力を最大限伸ばすためのものになっていない」、「教育システム全体や関係者の意識が、時代や社会の進展に必ずしも十分に対応していない」という指摘がなされ、学校を中心とした制度改革や施策の充実とともに、学校、家庭、地域を含めた社会全体の中で教育の在り方の見直しが求められた。これらの指摘が、現在の教育基本法や教育振興基本計画の源流となっているといえる。

　松岡（2005）は、市民社会の創造が志向される中、市民性教育（Citizenship Education）の重要性が教育課題として取り上げられている中で、「学社融合」という考え方のもとに、大人と子どもとが共に学び合いながら、現代社会の諸課題を解決していくという学びの在り方が模索されているとし、市民性教育の一環としての、学校教育と市民活動団体との連携・協力の取り組み状況を総括するために、仙台市内の市民活動団体を対象としたアンケート調査を実施している。結果では、学校教育と市民活動団

体との連携・協力活動は多様な形で展開されているが、大人が子どもに様々な情報を提供するという形態がほとんどで協働しながら学ぶといった学びの面では、課題を有しているとしている。

　また、「学社連携」「学社融合」を行っていくためには、施設の共有や人材の共有、学習プログラムの共有も必要であろう。猪山（2001）は、「学社連携」「学社融合」の基本スタンスとして、「相手方を利用対象とするスタンス」があるとし、学校教育と地域教育の人間形成を豊かに創造することに連関する必要性を述べている。

　このように、「学社連携」「学社融合」には、様々な課題を有しているが、地域での課題解決に向けた「地域教育」として検討していく場面も少なからずあるといえる。

3．学校教育での「生きる力」観の変容と求められる学校の役割のパラダイムシフト

　一方、学校の多忙さによる教育現場の疲弊や、子どもの自由時間行動に対する家庭・親の無力化と地域社会の居場所の喪失（佐藤、1998）より、子どもの生活への対応能力が低下し、それに伴い「生きる力」も低下しているといわれる。学校教育での教育活動で主眼がおかれる「生きる力」については、これまで何度となく変遷を繰り返してきた。「21世紀を展望した我が国の教育の在り方について」（文部省、1996）では、「『生きる力』は、学校において組織的、計画的に学習しつつ、家庭や地域社会において、親子の触れあい、友だちとの遊び、地域の人々との交流などの様々な活動を通して根づいていくものであり、学校・家庭・地域社会の連携とこれらにおける教育がバランスよく行われる中で豊かに育っていくものである」と述べられている。以降、「ゆとり教育」に起因する子どもの学力低下についても論じられ、最近の文部科学省（2009）の定義による

と、「生きる力」とは、①基礎的な知識・技能を習得し、それらを活用して、自ら考え、判断し、表現することにより、様々な問題に積極的に対応し、解決する力、②自らを律しつつ、他人とともに協調し、他人を思いやる心や感動する心などの豊かな人間性、③たくましく生きるための健康や体力などをあらわした力とされる。障害のある子どもたちの学習においても「自分もやってみたい」と「主体的に」学習する意欲を高めることや達成感、自己肯定感の醸成をはかることが重要であると考えられる。また、子どもたちが主体的に学習したり、社会参加を行ったりするためには、必ず、子どもたちの周囲にいる他者の存在や他者との豊かな人間関係の形成を考える必要があるといえよう。

社会の変化に伴い、外部のリソースを活用して在籍する児童・生徒に地域社会に関するメッセージを伝えようとするときに、地域住民をはじめとするゲストティーチャーやボランティアの活用が計られるようになってきた。1990年代からは、NPO法人の社会貢献活動なども注目されるようになり、ボランティア活動を通して社会貢献をしようとする市民も増加しているといえる。2010年現在、日本で認証を受けているNPO法人数は実に4万に達する。

2007年からは、文部科学省の「放課後子ども教室推進事業」と厚生労働省の「放課後児童健全育成事業」を一体化した「放課後子どもプラン」が実施されるようになった。2007年度から2010年度までで総事業費450億円を伴う大規模なものである。

また、「新しい時代を切り拓く生涯学習の振興方策について〜知の循環型社会の構築を目指して〜（答申）」（中央教育審議会、2008）では、新たな施策として「学校支援地域本部事業の推進」が打ち出されている。文部科学省（2008）の解説によると、学校支援地域本部は、学校の教育活動を支援するため、地域住民の学校支援ボランティアなどへの参加をコーディネートするもので、「地域につくられた学校の応援団」と表現さ

れている。従来も地域住民による学校支援が行われてきたが、学校支援地域本部は、そうした取り組みの延長線上にあり、地域住民による取り組みをさらに発展させて組織的なものとしていくことを目的としている。期待される効果としては、「教員や地域の大人が子どもと向き合う時間が増える」、「地域住民が自らの学習成果を生かす場が広がる」、「地域の教育力が向上する」ことがあげられている。2010年度は、本部数は全国で2,540箇所にのぼっており、地域住民の学校支援ボランティアの募集は地方公共団体等の広報によってなされ、希望する学校や分野などを応募書類で登録する形態がとられている場合が多い。三菱総合研究所 (2010) は、文部科学省の委嘱を受け、「『学校支援地域本部』実態調査研究」を実施した。この調査では、学校、各地域本部のコーディネーター1名、市区町村教育委員会にアンケート調査を実施している。学校へ送付されたアンケートでは、1,402通の回答が得られたが（有効回収率71.8%）、特別支援学校による回答は、わずか1.4%であり、母数の少なさもさることながら、「学校支援地域本部」への参画自体が少ないのではないかと推測された。回収されたアンケート結果によると、本部事業参加の目的では、「子どもたちが地域住民と交流することに拠り、様々な体験や経験の場が増え、学力や規範意識、コミュニケーションの向上につながるから」という目的が最も高く、75.9%、次いで「地域住民が支援することにより、地域の教育力が向上し、地域の活性化につながるから」という理由が高かった（複数回答）。特別支援学校では、行っている取り組みとして「学校行事等の運営支援」、「校内環境整備」があげられていた。

　本来なら、特別支援学校こそが、「学校支援地域本部」のような枠組みを生かして、地域で子どもたちが生活しやすいように、地域住民とのつながりや連携を図っていくべきところであろうが、調査結果にみる参画件数の少なさは、この事業自体が主に中学校区において推進されていることや障害のある子どもの活動に関する条件整備、地域ボランティアの

人材不足、中学校区との普段の連携関係の少なさ、「学校支援地域本部」のコーディネーターの障害のある子どもの理解の有無にも関係するのではないだろうか。

　以上のような新たな施策が次々と打ち出される背景には、教育基本法第一七条に明記されている教育振興基本計画における「社会全体で教育の質の向上に取り組むこと」、「社会の一員として活躍できる子どもの育成」、「地域での子どもの安心安全の確保」、「外部人材の積極活用による質の高い教育環境の整備」があるといえる。
　これらの背景より、地域の多様な人々が参画する生涯教育の場へのパラダイムシフトを迫られているわけであるが、現場のすべての教育関係者に「学校支援地域本部」や「コミュニティスクール」の概念が十分に浸透しているかというと必ずしもそうではない現状があるといえる。本研究においては、障害のある子どもたちの地域生活を支える二つの実践について取り上げたい。

4．社会的な課題と地域

　神戸市東部は、六甲山系と海に囲まれた地形を有する環境が好まれ、近畿有数の住宅地として発展してきたが、1995年1月の「阪神・淡路大震災」により、戦後未曾有の大災害に見舞われた。阪神・淡路大震災全体の死者は6,434人で、65歳以上の高齢者が全体の49.6％を占め、まさに社会的弱者を直撃した形となった。
　震災時には、この地域へ全国より多くのボランティアが駆けつけ、被災者に対して、物資面、身体面、心理面などで何が必要か親身になって問いかけてくれた。これらの行為は、他者から促された行為ではなく、同じ人間としての存在への共感や、他者の生命の危機的状況に対して、

強い内発性を伴った行為であると推測される。以後、この地域では、ボランティアによる活動を基盤とし、複数の市民活動が生まれ、現在も継承されている。また、震災時の体験は、神戸市東部の地域住民の人生にとっては、忘れられない出来事であり、次世代の子どもたちに「震災時の体験を語りつぐ活動」が地域社会や学校教育で行われている。

その後、震災からの復興が進み、倒壊した多くの木造建築物が高層マンション等の住居に建て替えられていった。震災後、他の都市へ避難していた住民が戻ってくるのと同時に、利便性が好まれ、この地域への転入も進み、人口が震災前より増加し、世帯数・共同住宅率の増加、高齢化率も上昇している。

しかし、阪神・淡路大震災後の人口動向は、新たな社会的な課題を生み出しているとも推測される。例えば、「仕事をしたくても、子どもを預ける場所が少ない」などの子育て上の不安、「震災後、住み慣れた地域に帰ってきたが、近所の住民も替わってしまい、地域自体が変容してしまった」といった高齢者の精神的な不安、「障害のある子どもを育てているが、相談する相手がいない」「放課後に過ごす場所がない」などの障害のある本人や家族の不安である。子育て中の人、高齢者、障害者、外国人などの地域生活上での不安や課題を抱える人々にとっては、コミュニティとのつながりが、精神的な安定や、心の拠り所として機能する場合が多いのではないだろうか。

5. インクルーシブな地域づくりをめざす実践

阪神・淡路大震災が起こった年は、「ボランティア元年」とも呼ばれるが、この地域で生まれたインクルーシブな地域づくりをめざす実践がある。まず、障害のある子どもたち向けのプログラムでの様子を紹介する。

（1）「こんなに立てちゃうし、歩けちゃうんだよ」

　空き店舗で、地域住民がサロン方式の喫茶を開いており、ボランティアの大学生が大型紙芝居や感覚を味わえる色粘土、手作りの遊具、縁日遊び等を用意し、重度・重複障害のある子どもたちも楽しめるようなプログラムを実施していた。空き店舗の調理室で希望者はパフェの調理実習を行っていた。

　近隣の特別支援学校の小学部1年生で医療的ケア（気管切開、注入、吸引）を要するまゆちゃんとお母さんがプログラムにやってきた。まゆちゃんは、初参加である。まゆちゃんは出生後から病院で、長期入院した状態だったという。約6年間近い入院生活だったといえる。今回プログラムへの参加は、出生後から数回あったうちの貴重な1回の外出体験であった。まゆちゃんは、ボランティアの大学生が行うプログラムでも、パフェの調理でも、表情も豊かで、楽しいときには笑顔が出て、人指し指で「もう1回したい」と表出し、用事があるときは、筆者にも手でトントンと叩いて呼びかけてくれた。お母さんに、サインや療育の経験を尋ねたが「経験はありません」とのことで長期の入院生活で身についたサインであったのかもしれない。

　調理室では、マシュマロに触れる体験を一緒に行った。右手のひらにマシュマロを乗せ、握って感触を味わうことができるように手指を支援した。また、バナナの香りを味わったり、一緒に食事用ナイフを持ってバナナを縦に切ったりする体験を行った。まゆちゃんは、「目も見えにくい」というお母さんの説明だったが、何度も「もう1回」と人差し指でサインを表出していた。お母さんとまゆちゃんの妹さんも一緒にパフェを作る体験を行い、完成したものをボランティアの大学生によるプログラムが実施されていたサロン方式の喫茶に持ち帰り試食を行うことになった。お母さんがまゆちゃんの吸引を行った後、まゆちゃんは経管栄養であったため、「生クリームの一口試食が可能かどうか」についてお母

さんに尋ねると、「やってみましょう」とのことで、数回試食を行うことができた。試食中もニコニコとまゆちゃんの笑顔が出ていた。その後、まゆちゃんは、車椅子からフロアーにおり、他の参加者の子どもたちと一緒に遊具で遊んだ。お母さんに座位や手を使うことが上手なことを話すと、思い切ったようにまゆちゃんに立った姿勢をとらせたり、介助歩行を行ったりしていた。「また入院があるかもしれませんが、病院を退院してから、今は学校に行くことをとても楽しみにしています。ここだと学校から直接フラットな道を歩いて来ることができるし、私も買い物ができるし、またこのような機会があるとうれしいです。」とお母さんは話をしていた。他の参加者のお母さん方も交え、今回の活動について「楽しかったね」とお互い話が弾んでいた。活動の終了時刻になるまでまゆちゃんはいて、じっくり場を楽しんでいた。まゆちゃんのお母さんは帰り際に「こうやって立てちゃうし、歩けちゃうんだよ。」とニコニコとまゆちゃんの身体を支え、歩くポーズをとっていた。

（2） 子どもたちの放課後を支える

　「ただいまー」ランドセルを背負った子どもたちが元気に玄関の扉をあける。野ばら学童保育所（仮称）は、地域のボランティアが地域で学童保育が不足しているということに問題意識を持ち、立ち上げに参画したものである。

　設立当時は、有志が出資を行い、活動拠点については「多様な人々が利用すること」や「バリアフリーであること」などの前提に基づき、集合住宅の一階または一戸建て民家という条件設定がなされた。阪神・淡路大震災によって古い家屋の殆どが倒壊したこの地域においては、活動拠点の選定では困難を極めた。現在利用している一戸建て民家については、地域住民である貸主の好意を得ている。

　保護者の就労などにより、日中の保育を必要とする子どもたちや、交流

や活躍の場を求める地域の団塊の世代、子育てに不安を抱える地域の母親、震災後、世の中から孤立し、閉ざされた状況に置かれていた人などが利用している。利用や相談を希望する地域住民も多く、様々な障害のある子どもを含む学童保育の他、子育ての相談業務、団塊の世代の居場所づくり事業や、地域住民による音楽プログラムなどにも利用されている。

その後、放課後事業健全育成事業となり、財政的な基盤も整備されつつある。地域の団塊の世代の方、主任児童委員、学識経験者、高齢者・障害者支援のNPO団体代表、障害のある子どもの保護者に運営委員を委嘱している。学童保育スタッフとしては、学童保育指導員経験者、介護福祉士以外にも、障害のある子どもの保護者、外国人留学生、知的障害のある人も勤務し、普段、就労機会が得られにくいとされる人々の雇用も創出している。

最近では、通常の学童保育以外時間帯以外で、子どもたちに高齢者とのふれあいや茶道など地元の文化や芸術活動を伝える活動や、障害のある子どもの送迎や休日の支援に地域住民スタッフが積極的に関わる場面も増加している。

6. 地域住民が主体的に取り組める活動の重要性

これまで、障害のある子どもや保護者を含む多様な人々が相互に関係形成や相互学習を行うことで社会問題を解決しようとしている実践の事例を紹介した。

2007年度4月から、学校教育においては特別支援教育が本格実施となった。理念としては、「障害のある幼児児童生徒の自立や社会参加に向けた主体的な取組を支援するという視点に立ち、幼児児童生徒一人一人の教育的ニーズを把握し、その持てる力を高め、生活や学習上の困難を改善又は克服するため、適切な指導及び必要な支援を行うものである」と謳われて

いる。方策として「特別な支援を必要とする子どもの実態把握」「特別支援教育コーディネーターの指名」「関係機関との連携を図った個別の支援計画の策定」「教員の専門性の向上」「特別支援学校のセンター的役割」があげられている。これらの方策の中のいくつかについて検討を行いたい。

　第一に、「専門性」は確かに教育や支援の上では大切な視点ではあるが、「障害のある子どもを支援するのは専門家または専門的視点を持った支援者」ということになると地域の中で支援の幅が広がらなくなる可能性も考えられる。様々な立場の人々が障害のある子どもたちに関わっていこうとする動機づけを支援することも重要だと考えられる。

　第二に、日々障害などの社会的な課題に向き合いながら生活している人々にとっては、年単位または月単位の行政・学校・施設等の関係機関の連携体制や巡回相談の体制では限界があることは明らかである。本来は、身近な地域の中で、いつでも気軽に相談ができる相手がいることが望ましいだろう。

　第三に、障害のある子どもたちの自立や社会参加というものは、社会成員との相互の関係性において成り立つものであり、障害のある子どもが地域で生きていくためには、本人が生活や学習上の困難の改善を図るだけではなく、受け入れていく側の地域住民の意識の変容や相互の人間関係の形成も必要である。これらの地域住民の意識の変容やネットワークの構築に関する研究も今後のインクルーシブ教育システムにおいて必要ではないだろうか。

　特別支援教育の分野に限らず、子育て支援や高齢者問題など様々な課題を解決していくためには、行政や教育関係者だけではなく、地域住民の問題に対する意識や理解、行動が必要となってくる。今後は、地域住民が相互に関係性を築きながら、様々な専門的なリソースをもつ機関と連携や協働を行い、主体的に社会問題の解決を図る実践を行っていくことが望まれよう（高橋、2010）。

＜引用・参考文献＞

猪山勝利（2001）「学社融合の基礎的研究：学社融合関係を中心として」『長崎大学教育学部紀要：教育科学』第60号、pp.1-7.
上野景三（2004）「学校教育と社会教育の連携・協同」末本誠・松田武雄編著『新版 生涯学習と地域社会教育』春風社、p.65.
今野雅裕（2003）「学校と地域社会：その歴史的展開」鈴木眞理・佐々木英和編著『社会教育と学校』学文社、pp.73-74.
佐藤一子（1998）「地域社会における子どもの居場所づくり：青少年の参加と自立への支援」（佐伯胖・黒崎勲・佐藤学・田中孝彦・浜田寿美男・藤田英典編集、岩波講座7 現代の教育危機と改革『ゆらぐ家族と地域』岩波書店）pp.291-297.
佐藤一子（2006）『現代社会教育学：生涯学習社会への道程』東洋館出版社、p.61.
佐藤一子（2004）「学習の組織化と社会教育研究の方法」『講座現代社会教育の理論：成人の学習と生涯学習の組織化』日本社会教育学会編、東洋館出版社、p.16.
笹井宏益（2011）「学校・家庭・地域住民の連携協力の基本原理にかかる考察：3つの政策を分析して」『学校・家庭・地域の連携と社会教育』日本社会教育学会編、東洋館出版社、p.17.
渋谷英章（2003）「学社連携論と学社融合論」鈴木眞理・佐々木英和編著『社会教育と学校』学文社、pp.75-76.
末本誠（2004）「社会教育としての生涯学習」末本誠・松田武雄編著『新版 生涯教育と地域社会教育』p.9.
高橋眞琴（2010）「神戸市東部において多様な人々が交流する中間的な場への参画を通して」『兵庫自治学』第16号、pp.30-34 .
高橋眞琴（2014）「学童保育―地域の子どもとして、放課後の居場所をどうするか」『季刊　福祉労働144号』現代書館.
中央教育審議会（2008）「新しい時代を切り拓く生涯学習の振興方策について～知の循環型社会の構築を目指して～（答申）」.
寺中作雄（1949）『社会教育法解説』社会教育図書、p.10.
松岡尚敏（2005）「仙台市における協働教育の現状と課題：学校教育と市民活動団体との連携・協力に関するアンケート調査」『宮城教育大学紀要』40巻、pp.65-77 .
三菱総合研究所（2010）「『学校支援地域本部』実態調査研究」.
文部省（1996）「21世紀を展望した我が国の教育の在り方について」.
文部科学省（2007）「特別支援教育の推進について（19文科初第125号）」.
文部科学省（2008）「特別支援学校（学校設置基準）障害種別重複障害学級在籍率」.
宮原誠一「教育の本質」『宮原誠一教育論集　第一巻』国土社、1976.

第9章

調査研究
「障がいのある人との関わりと
社会問題に対する態度の
因果関係」

本章においては、神戸大学大学院人間発達環境学研究科がHi-Panelを用いて実施したWEB調査「障がい者との関わりと社会問題に対する態度の因果関係に関する量的調査」〔研究代表者：津田英二教授（2009）〕において配票した4,212票のうち、回収された1,800票（回収率42.7％）について検討を行う。この調査での主たる質問項目は「様々な社会問題への関心とその行動」に関するものである。配票は首都圏と京阪神地域を対象とし、有効回答者の居住地・性別・年齢[注]が実際の人口構成比に一致するように調整されており、量的調査の質問項目設計には、筆者を含む5名の研究者が参加した。

　尚、本章においては、調査名、調査項目に沿って、「障がい」の表記を行うものとする。

1.「障がいのある人との関わりと社会問題に対する態度」

表9-1　「障がい者問題への関心」

とてもある	ある	すこしある	あまりない	まったくない	合計
170票	586票	685票	323票	36票	1,800票
9.4%	32.6%	38.1%	17.9%	2.0%	100.0%

　「障がい者問題への関心」については、「とてもある」「ある」「すこしある」とした回答者を合計すると、80.1％の回答者が「関心がある」としている。関心がある回答者の割合が多数であることが見てとれる。

表9-2　「障がい者問題のための行動」

とてもしている	している	すこししている	あまりしていない	まったくしていない	合計
29票	141票	373票	611票	646票	1,800票
1.6%	7.8%	20.7%	33.9%	35.9%	100.0%

第9章 調査研究 「障がいのある人との関わりと社会問題に対する態度の因果関係」

「障がい者問題への関心」については、関心がある回答者の割合が多数であったが、「障がい者問題のための行動」では、「している」「すこししている」とした回答者を合計すると、30.1％であり、関心はあるが実際に行動にうつしているケースは、半数以下になっていることがわかる。

表9-3「異なる文化や生活上の困難をもつ人と関わる機会」

とてもある	ある	すこしある	あまりない	ない	合計
339票	469票	473票	392票	127票	1,800票
18.8%	26.1%	26.3%	21.8%	7.1%	100.0%

「異なる文化や生活上の困難をもつ人と関わる機会」について、「とてもある」「ある」「すこしある」とした回答者を合計すると、71.2％の回答者が「異なる文化や生活上の困難をもつ人と関わる機会」があることがわかった。

表9-4「さまざまな人の悩みを聞く機会」

よくある	ある	すこしある	あまりない	ない	合計
137票	394票	660票	527票	82票	1,800票
7.6%	21.9%	36.7%	29.3%	4.6%	100.0%

「さまざまな人の悩みを聞く機会」について、「よくある」「ある」「すこしある」とした回答者を合計すると66.2％の回答者が「さまざまな人の悩みを聞く機会」があること、つまり、相手の聞き役に回っていることがわかった。

表9-5「障がいのある知り合いの有無」

いる	いない	合計
1,145票	655票	1,800票
63.6%	36.4%	100.0%

「障がいのある知り合いの有無」では、「いる」とした回答者が63.6.%であった。また「いない」と答えた人が36.4%おり、約1/3以上の人が障害のある人と関わることがない生活をしていることがわかった。

表9-7「最も親しくしている障がいのある人との会話量」

	とてもよく話をする	よく話をする	まあまあ話をする	あまり話をしない	話をしない	合計
全体	147票 12.8%	224票 19.6%	435票 38.0%	272票 23.8%	67票 5.9%	1,145票 100.0%

「最も親しくしている障がいのある人との会話量」では、「とてもよく話をする」「よく話をする」「まあまあ話をする」とした回答者を合計すると70.4%の人が障害のある人と会話を行っていることがわかった。

表9-8「ボランティアとして関わっている障がいのある人の有無」

	いる	いない	合計
全体	192票 10.7%	1,608票 89.3%	1,800票 100.0%

ボランティアとして関わっている障害のある人がいるかどうかであるが、いると回答した人は10.7%であり、ボランティアの経験はあまりないことが示唆された。

表9-9は障がい者問題への関心と年齢との関係を調べたものである。
男性は定年退職後であろう60歳以降に、障害者問題に関心を持つ傾向があるが、女性は比較的どの年齢層でも、障害者問題に関心を持つ傾向があるといえる。
男性は障がい者問題への関心について、20歳台は「まったくない」が22.2%、「あまりない」が15.8%となり、両者を合わせると、38%にのぼった。30歳台は、「あまりない」が、19.5%、「まったくない」が33.3%とな

第9章 調査研究 「障がいのある人との関わりと社会問題に対する態度の因果関係」

り、両者を合わせると 42.8% となる。若年者層の障害者問題の関心の低さを読み取ることができる。

表9-9 障がい者問題への関心と男女別年齢のクロス表

			男性20歳台	男性30歳台	男性40歳台	男性50歳台	男性60歳台	女性20歳台	女性30歳台	女性40歳台	女性50歳台	女性60歳台	合計
障害者問題への関心	とてもある	人数	12	12	12	15	17	22	15	21	22	22	170
		%	7.1	7.1	7.1	8.8	10.0	12.9	8.8	12.4	12.9	12.9	100
	ある	人数	47	47	55	45	69	48	61	52	83	79	586
		%	8.0	8.0	9.4	7.7	11.8	8.2	10.4	8.9	14.2	13.5	100.0
	すこしある	人数	59	79	58	84	54	61	100	66	68	56	685
		%	8.6	11.5	8.5	12.3	7.9	8.9	14.6	9.6	9.9	8.2	100.0
	あまりない	人数	51	63	37	41	20	34	28	20	17	12	323
		%			11.5	12.7	6.2	10.5	8.7	6.2	5.3	3.7	100.0
	まったくない	人数	8	12	3	5	3	3	0	0	1	1	36
		%			8.3	13.9	8.3	8.3	.0	.0	2.8	2.8	100.0
合計		人数	177	213	165	190	163	168	204	159	191	170	1,800
		%	9.8	11.8	9.2	10.6	9.1	9.3	11.3	8.8	10.6	9.4	100.0

　障害者問題への行動と年齢のクロス表のカイ二乗検定の結果では、「男女別年齢」と「障害者問題」は関連があると予測される。

　これらのことより、インクルーシブ教育システムの構築に向けては、学校教育における障害理解教育の方法論の検討や障害理解教育の推進が重要であることが示唆されるであろう。

表9-10 障がい者問題のための行動と男女別年齢のクロス表

			年齢10									合計
			男性20歳台	男性30歳台	男性40歳台	男性50歳台	男性60歳台	女性20歳台	女性30歳台	女性40歳台	女性50歳台	女性60歳台	
障害者問題のための行動	とてもしている	人数	5	4	1	2	3	2	3	2	3	4	29
		%	17.2	13.8	3.4	6.9	10.3	6.9	10.3	6.9	10.3	13.8	100.0
	している	人数	10	16	11	16	20	13	3	13	27	12	141
		%	7.1	11.3	7.8	11.3	14.2	9.2	2.1	9.2	19.1	8.5	100.0
	すこししている	人数	29	24	44	32	42	29	36	32	46	59	373
		%	7.8	6.4	11.8	8.6	11.3	7.8	9.7	8.6	12.3	15.8	100.0
	あまりしていない	人数	50	68	48	72	63	48	82	61	59	60	611
		%	8.2	11.1	7.9	11.8	10.3	7.9	13.4	10.0	9.7	9.8	100.0
	まったくしていない	人数	83	101	61	68	35	76	80	51	56	35	646
		%			9.4	10.5	5.4	11.8		7.9	8.7	5.4	100.0
合計		人数	177	213	165	190	163	168	204	159	191	170	1,800
		%	9.8	11.8	9.2	10.6	9.1	9.3	11.3	8.8	10.6	9.4	100.0

　表9-10は、障がい者問題のための行動と男女別年齢との関係を調べたものである。「とてもしている」「まったくしていない」とも男性20歳台がもっとも高い。これは、学校や職場などに障がいのある人がいるかいないかによって左右されている可能性も考えられる。また、男女とも60歳台になると高い値となってくる。これは、加齢による障害に対する関心ではないかと推測される。一方、「障害者のための行動をまったくしていない」のも、男性20歳台、30歳台、女性30歳台が高い値となっている。
　これは、子育ての時期にあたり、他者への行動より、自分の子育てが

第9章　調査研究　「障がいのある人との関わりと社会問題に対する態度の因果関係」

ライフスタイルの中で重要な位置づけにあるためではないかと考えられる。この時期は、ちょうど子どもが学校に行っている時期であり、インクルーシブ教育システム構築の方策の一つとして、学校教育における保護者への理解、啓発とも関連がある事項であろう。

表9-11　職場や学校での障がいのある人の有無

			年齢10									合計
			男性20歳台	男性30歳台	男性40歳台	男性50歳台	男性60歳台	女性20歳台	女性30歳台	女性40歳台	女性50歳台	女性60歳台	
職場や学校に障害のある人はいるか	いる	人数	61	68	53	59	42	58	73	40	53	23	530
		%	11.5	12.8	10.0	11.1	7.9	10.9	13.8	7.5	10.0	4.3	100.0
	いない	人数	116	145	112	131	121	110	131	119	138	147	1,270
		%	9.1	11.4	8.8	10.3	9.5	8.7	10.3	9.4	10.9	11.6	100.0
合計		人数	177	213	165	190	163	168	204	159	191	170	1,800
		%	9.8	11.8	9.2	10.6	9.1	9.3	11.3	8.8	10.6	9.4	100.0

表9-11は、「職場や学校での障がいのある人の有無」を調べたものである。

「職場や学校に障がいのある人がいる」率であるが、「いる」が530人、「いない」が1,270人となっている。職場や学校に障がいのある人の方がいない人より大きく上回っていることがわかる。このことについても「インクルーシブ教育システム」における保護者への理解と啓発にも関わってくる内容であろう。

表9-12 障がいのある人との関わりの経験の内容

関わりの経験内容	人数（%）
近隣によく会う障がいのある人がいる	302（23.7）
職場や学校に障がいのある人がいる	240（18.8）
ボランティアとして関わっている障害のある人がいる	90（7.1）
障がいのある友達がいる	232（18.2）
障がいのある人を家族にもつ知人がいる	410（32.2）

表9-12は、本調査で障がいのある人との関わりの経験の内容を示したものである。

特に、「ボランティアとして関わっている障害のある人がいる」という項目と、「障がい者問題への行動」は、クロス集計の結果、Pearsonの相関係数は、0.350（p<0.1）となり、少し相関があることがわかった。

また、同調査で共同研究を行った井手（2011）は、「障がい者問題への関心」については、「とてもある」を5点、「ある」を4点、「少しある」を3点、「あまりない」を2点、まったくない」を1点で点数化し、「障がい者問題への行動」については、「とてもしている」を5点、「している」を4点、「少ししている」を3点、「あまりしていない」を2点、「まったくしていない」を1点とし、「障がいのある人との関わりのある人」と「障がいのある人との関わりがない人」の平均値の差の検定を行った。「障がいのある人との関わりのある人」と「障がいのある人との関わりがない人」を比較した場合、「障がいのある人との関わりのある人」の方が「障がい者問題への関心」（t=8.62、p<.01）「障がい者問題への行動」（t = 9.38、p<0.1）の双方において、有意に高かったといった結果を示している。

このことも「共に学ぶ」ということの重要性を示しているのではないだろうか。

また、「障害者問題への関心」と他の社会問題の項目について関係をみるために、Pearsonの相関分析を行ったところ「障害者問題への関心」と

第9章 調査研究 「障がいのある人との関わりと社会問題に対する態度の因果関係」

「高齢者問題への関心」は、(r=0.608、p<.01)、「障害者問題への関心」と「男女差別問題への関心」は、(r=0.60) と関係があることが示唆された。人権に関わる問題は、相互に関連付けながら議論することも大切なようである。

これらの調査の内容より、学校教育においては、以下のようなことが考えられる。

図9-1のように、障害の有無にかかわらず共に学ぶという環境は、障害者問題への関心や行動につながり、ひいては、高齢者問題や男女雇用機会均等への関心や行動につながることで、社会成員の少子高齢化時代やインクルーシブ教育システム自体に向けた共生社会の構築につながるのではないかということである。

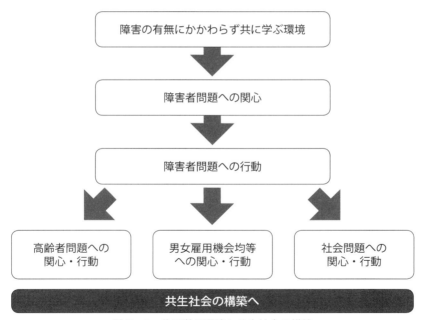

図9-1　共に学ぶ環境と共生社会の構築

2．障がいのある人と教育に関する自由記述

次に、自由記述のうち、教育に関するものを特に、抜粋し、年代別に取り上げた。尚、文体・表現は、自由記述に沿った形としている。

<教育に関する年代別自由記述>

20歳台

- 障害者になる可能性は誰にでもあります。どんな障害でも決して自分が望んでなったわけではないので、社会全体の中で理解をする教育が必要と考えます。
- 小学生から障害者との交流を深め、理解する必要がある。
- 障害を知るためには、自分がそのような環境に入って初めて理解し、感じることがあるため、もっと体験として義務教育などで取り入れるべきだと思う。
- 養護学校に実習に行ったりして、障害者について身をもって知った。まったく健常者と変わらない姿がそこにはあった。障害者についての知識が、社会、国…などにないのが一番の問題だと思う。知ること、触れ合うこと。ここからはじめていかなくてはならないと思う。
- 中学時代の先生が事故で半身不随になり、学校全体で障害について様々な経験をした。
- 中学生のときに同じクラスに聴覚障害者の人がいました。みんなで手話や指文字を勉強したことを覚えています。
- 通っていた小学校に特殊学級（当時）が併設されていたので、障害者の存在が身近なものだった。小さいときに障害者と触れ合う経験が重要だと思う。
- 関わり方がよくわからないので、小さい頃から関わる機会が多くあればいいなと思う。普通学級にも入れていいんではないかな。

第9章 調査研究 「障がいのある人との関わりと社会問題に対する態度の因果関係」

- 中学校教諭の免許取得のため、障害者の施設で仕事をしたことがあったが、閉鎖的なコミュニティだと思った。限られた学生だけではなくて、ほかの人たちも気軽にボランティア参加できるようになってほしいと思う。
- 小中と障害のある人と学校生活を送ってきましたが、その経験のおかげで障害者がいるということを当たり前のこととして受け入れることができていたように思います。これからの子どもたちにも、そのような機会を設けて障害とは身近なものなのだと印象づけておくことが重要だと思います。
- 学校などで精神障害者がいたときは周りがちゃんとその子のことを理解して、先生もフォローしないといけないと思った。
- 小さな頃に障害について学ぶ機会が少なく、それが差別につながっているのでは？ と思うことがありました。正しい知識、情報を与えてもらえれば、人間ちゃんとした判断が可能であり、社会の構図も少しずつでも変化していくのでは？
- 教職免許取得のため、養護学校などでの実習経験がある。障害者と言っても、それぞれの障害のパターンはさまざまである。まずは、その人の障害がどのようなものなのか？ どのような特徴があるのか？ をよく理解した上で、その人に合った接し方をすべきである。
- 学校に障害者の方がいるので普通の学生より障害について考える機会がありますが、もっと社会全体で考えるべきものであると感じました。
- 障害のある児童と関わる機会が多くあります。その中で、障害のある児童とない児童が関わることがとてもいいと考えます。どちらも歩み寄ることでお互いを理解することができるし、相手の立場を思いやって成長していくことができるからです。
- 知的障害者などがもっともよく触れる障害であると思うので、そのへんの理解を、子どもの頃からしっかりとできるような教育が必要だと思う。

- 教員免許取得のために義務づけられている社会福祉施設への実習で感じたことですが、社会福祉施設に5日間と養護学校に2日間行っただけでは、正直なところ何の意味もないと思いました。事前にしっかりとした予備知識もなく、ただ雑用や障害者と関わるだけでは、ただ行っているだけだと思いました。
- 小学校のときにクラスに知的障害をもった子がいましたが、普通にみんなと一緒に生活することができました。遠ざける必要はないと思います。

30歳台

- 差別や偏見をなくすには幼少期から教育の場で交流するしかありません。親も一緒に。
- 子どもの学校で、知的障害児のクラスがあり、定期的に交流があるがそのようなことは理解を深める意味でとてもいいことだと思う。
- 中学校の同級生に聴覚障害を持った友人がいた彼は障害者特別学級ではなく、私たちと同じクラスでともに学校生活を送った最初は戸惑うこともあったが、仲良くなるにつれ他の健常者の友人と何ら変わることのない関係となったお互い健常者・障害者なんてことはまったく意識していなかった。
- 小学校と中学校で知的障害の学級があったため、学校など一緒にいることに違和感がない。
- 中学に知的障害者クラスがあり、所属していた美術部には、その障害者たちが参加していた。はじめはどう接したらよいのかわからずとまどった。でも少しずつ彼らを知るうちに、別に特別な接し方は必要ないことに気がついた。
- 通っていた海外の大学では障害者が多かったので、今よりも格段に接する機会が多かった。また道路や施設、大学もバリアフリーが当然だったので疑問にも思わなかったが、遅ればせながら日本もそういった環境の設備が整い始めているので、もっと整備されるとよい。

第9章　調査研究　「障がいのある人との関わりと社会問題に対する態度の因果関係」

- 小学校に特殊学級（当時）があった。小さい頃から接する機会があることが大切だと思う。
- 小さい頃からもっと関わるようになれば、差別もなくなると思う。
- 子どもが通っている幼稚園には障害のある子どもが普通に生活している。子どもたちは何の偏見もなく自然に溶け込んでいる。障害者も普通と一緒で何にも変わらない。そんな感じである。
- 大人として子どもに、障害者に偏見などを持つのではなく、一緒に社会のなかで関わり合っていくことを教える、見せていくことが大切だと思います。
- 最近は障害者と健常者との隔たりは少なくなってきていると思う。特に小学校では総合の授業などで障害のことなどを教え、子どもが社会にはいろいろな人がいるということを自然と受け入れているように思う。
- 学校などでは障害者のクラスとは分けられていて、接する機会がほとんどなく、どう接していけばよいのかわからない。外国には障害を持った人とでも一緒に学校生活をすることなどがあり、そういう日々の生活の中で「障害を持った人でも健常者となんら変わりはないんだ」という意識が大切である。
- 私の子どもの習い事先に知的障害のあるお子さんが来ています。1歳の頃から見ていますので少し言葉が出てきたり、落ち着いて座ることができるなど少しずつ成長が見られます。軽度の障害のようなので他の子どもたちも普通に接しています。
- 私の時代では、障害者の方は別の小学校などに行かれて交流がなかったため、見るつもりがなくても特別な目で見てしまうことがあるような気がします。娘の幼稚園には障害のあるお子さんが一人いますが子どもたちは普通に接しています。今度障害者だからということで区別されないことが大切。
- 小中学生の頃、すべてのクラスに障害を持った友達がいたので、常に

このことについてクラスで話し合ったり関わったりする機会があった。障害のある友達との接し方の大変さや難しさなどは、理解しているつもりである。
- 子どもの通う学校に発達障害の子どもがいます。その子の保護者からは、発達障害についての詳しい説明がありません。学校全体社会全体で、障害についてもっとよく話し合ったりしたらいいと思います。
- 子どものときから障害のある人々と接する機会を増やし、身近に感じられるようお互いにコミュニケーションを取ることで、両者の隔たりも少なくなるのではないかと思います。
- 小学校や中学校の頃は、障害がある同級生もいたが、高校や大学、社会に出ると、何か特別なことがない限り障害者に関わりを持つことはなくなっていると思う。今は、自分の生活が中心にあるので、自分が当事者でない限り何か障害のある方との接点を持つことは難しい。
- 小学生のときクラスに障害者がいたが、他の人と変わらず接していた。
- 聴覚障害者による手話サークルなどを通じて交流を深めるきっかけになり、よくコミュニケーションを図るようになりました。
- 小中学生時に、障害者が同じクラスにいましたが、普通に接していました。程度にもよりますが、軽度の障害であれば、健常者と同じ生活をした方が望ましいと思います。
- 子どもの幼稚園では、毎年、2名の障害者を受け入れています。私はとてもいいことだと思っています。子どもの視線から障害について知る機会になると思います。
- 障害者に接することで、やさしい気持ちになって、人の優しさを学ぶとよく言いますが、やさしさの練習のための障害者というのは、間違っていると思います。
- 小学生のとき、自分の学年に障害を持った子がいて、一緒のクラスで授業を受けました。小中学生の頃には一緒に勉強や遊ぶ機会もあり、

大した違いも感じることなく過ごせましたが、以降はあまり関わりがなくなりました。現在自分に小さな子どもがいますので、知的障害のある方に対して慎重になる自分がいます。
➤ 学生のときに養護学校などに訪問したことがあるが一人ひとり障害の程度などもちがうので関わり方も勉強や経験しながら接していかなければ、と思いました。いろいろ難しいなと思いました。
➤ 中学校などで特別支援の学級があるが、障害がそれぞれ違う子たちを一つの学級にしているのは、結局は通常の学級から、障害のある子を排除しているようにしか思えない。
➤ 障害者との初めての関わりは小学校の特別学級でした。普段の勉強は別だったが、遠足や全校集会とかだとクラスに一人くらいは知的障害のある子と一緒だった気がする。
➤ 学生のとき、障害施設での実習があり、とても身近に感じましたが、そういう機会がないと、なかなか自分から積極的に障害の方と交わるのは、難しいと思います。積極的に、障害者の関係の方からのアプローチがあると嬉しいと思いました。

| 40歳台 |

➤ 小さいときからしっかりとした教育をするべきと思う。
➤ 中学時代、車椅子の女の子が同級生にいたので、自然と障害のある人に親切にできるようになった。
➤ 妻が小学校の特別支援学級で教員補助をしていることもあり、家では障害を持つ子どもたちの話は日常会話の一つになっている。先日も彼らの作品展に伺い、個性豊かな創造性に感心しました。
➤ 子どもの学校に発達障害の子どもがいる。わかっていれば協力できることもあるので子どもの頃から関わりを持つような環境と教育があれば、自然にサポートする姿勢ができると思う。しかし、ずっとそのお子さんにとってよい教育が同じ状況でできるかはわからない。

- 耳が不自由なお子さんをお持ちのお母さんとお友達なのですが…なかなか普通学級では、理解してもらえなかったり、子どもたちも協力的でない子もいたりして、悩みは尽きないようです。もっと、社会全体で協力してあげられる体制をつくってあげられないかな？と思います。
- 障害者として切り離すのではなく、子どものときから一緒に過ごすことで、助け合う心や認め合う心が生まれると思う。お互いを思いやる気持ちを小さいときから養うことが、大切だと思う。
- 様々な障害があるのでどのような関わり方がよいのか学ぶ必要があると思う。
- 小さいときから特別扱いせず、一般児童と一緒に学校生活を過ごせればよいと思う。その経験によって障害者とどう接したらよいかがわかり、もっと気やすく付き合うことができるようになると思う。
- 中学生のころ、施設訪問に行ったことがある。そのときの衝撃は忘れられない。世の中には健常者しかいないと思っていたからだ。当時はそういった人たちを隠していたが、今は違って障害を持った人もたくさんいるんだと社会や、世の中が認めている。
- 小学校や幼稚園のころから身近に障害者を感じていくことが大切だと思う。
- 養護学校等がありますが、障害のない学校の同じ年の子ども同士がもっと、心を通わせる環境をつくれたらと思います。
- 子どものころから障害を持つ方々との接触する機会が多く与えることにより、困っている人がいる場合は協力しなければ、という気持ちが養われていくと思います。
- 特別扱いせず、障害者も学校、社会どこにでもいてあたり前、いろんなところに参加すべきである。

50歳台

- 小学校低学年のときに、クラスに障害を持った女子がいた。特に障害があることを意識して何かをした記憶はない。普通に接していたと思う。

現在はまわりにそのような人がいないので、ほとんど接することはない。
➢ ダウン症の子どもがいました。健常児と過ごすことによりその子の発達とまわりの子の思いやりなどの良い影響もありました。
➢ 私の甥が自閉症の障害があります。通学などが大変なようですが障害者を受け入れる普通校を多く増やし少子化に対応し一つの普通校でも多くの障害者を受け入れるべきではないでしょうか。教員も専門の教員を増やしクラスも（教室も）増やすべきです。
➢ 障害のあるなしに助け合ったり気遣いのできる社会が望ましい自然に困っている人を助けられるような感性を育てる教育がなされてほしい。人としての心の育てられ方が大切だと思う。

60歳台

➢ 障害者との付き合いは、普通に接することが大事です。特に学校教育の機会、普通学級か特殊学級かの選択は、障害者（親を含む）自身に選択をさせることです。健常者も幼少のころから障害者と身近に接していれば大人になっても障害への対応が自然になります。
➢ 仕事が保育園の保育士だったので、入園してくる子どもと関わった。障害をもっていても、いなくても一人の人間として関わることが大事。障害をもっていても人権、発達する権利を持っている。国は憲法で保障されている、健康で、文化的な生活を送れる最低条件を保障していってほしい。

　これらの自由記述からは、障害のある人と普通に接点をもつことの重要性について述べたものが多くみられた。
　また、そのことで、理解が進むのではないかという意見も複数みられた。社会成員は、意識として持っているようであるが、実際には、なかなか行動に移すことができない現状があると思われる。
　まず、20歳台であるが、中学校・高等学校時代にバリアフリーなどに

ついての意識は持ちえてはいるだろう。「学校生活においては、障がいのある子どもたちと接する機会は少しあった」「教員免許の取得の際の実習等で、実際に関わった経験がある」という意見が複数みられた。しかしながら、学校教育における障害理解教育は十分ではないといった意見もあることから、継続的なボランティア活動の機会の設定なども必要であろう。

30歳台については、交流教育などで障がいのある子どもたちと時々接する機会はあったが、「どう接すればいいかわからない」といった意見がみられる。家庭を持ったり、自分の子どもが生まれたりという時期であろう。PTAや地域での行事などで障がいのある子どもたちを理解するような学習を親子で体験するのがいいのではないだろうか。

40歳台については、30歳台と同様の意見がみられる。職場の一定の責任あるポジションにつくことを期待される時期でもあり、大学院等のリカレント教育などによって、障がいに関する理解を深めることも考えられる。

50歳台については、社会においても責任あるポジションについている場合が多い。また、退職後や老後の生活設計を行うのもこの時期である。自身のポジションを生かして、社会的な貢献を検討していくことも考えられるのではないだろうか。

60歳台についても、障がい者に対する隔離政策を体験してきた世代である。そのことは、障がいのある人の人権で触れられている。しかし、自分自身の加齢とともに、身体の故障が生じることも視野に入れているだろう。福祉制度に対して強い関心を持ったりするのもこの時期である。老後の社会貢献として障がいについて考える機会があってもいいのではないだろうか。

ここまで述べてきたことは、自由記述から考えられる障がいのある人への理解に向けての取り組みの仮説であるが、インクルーシブ教育シス

テムの構築のためにも社会成員の意識に働きかけていくことが大切であると考えられる。

注：調査時の年齢層は以下の通り

20歳台：S.55～H.1（1980～1989）
30歳台：S.45～S.54（1970～1979）
40歳台：S.35～S.44（1960～1969）
50歳台：S.25～S.34（1950～1959）
60歳台：S.15～S.24（1940～1949）

＜引用・参考文献＞

井手良徳（2010）「障害者との接触体験と障害者問題に対する意識との関連」『インクルーシブな地域社会創成のための都市型中間施設』神戸大学大学院人間発達環境学研究科ヒューマン・コミュニティ創成研究センター障害共生支援部門．

# 第10章

インクルーシブ教育時代の障害理解教育

前章においては、「障がいのある人との関わりと社会問題への態度に関する因果関係について」の調査研究を基に、社会成員の意識について、概観した。それでは、障害を理解するための教育や実践はどのようなものがあるのだろうか。現在主流となっている教育と筆者らによる実践を取り上げ、考える機会をもちたい。

1．従来の障害を理解するプログラム

　学校教育の道徳や総合的学習の領域、またPTAなどの地域住民を対象として行われている重度・重複障害のある人を理解する方法としては、「疑似体験」「技能・知識の習得」「施設訪問」のプログラムが現在中心となっている。これらは、「福祉教育」の3大プログラムと呼ばれており、アイマスクや車いすの用具や施設での見学の受け入れが可能なら、比較的簡単に実施でき、対象者にも、日常的でないことからある程度のインパクトがあるため、特別支援学校や福祉分野において実践される傾向にある。

　まず「疑似体験」についてであるが、視覚障害を体験するためにアイマスクをして歩いてみることや肢体不自由を体験するために車いすに乗って操作してみることなどがあげられる。アイマスクをすることで、真っ暗で周囲が見えない状態を体験したり、車いすを操作したりすることで、設備のバリアについて体感するものである。

　山本他（2007、pp.33-34）は、小学校6年生63名に、視覚障害に関する疑似体験を実施しているが、「目が不自由な人はかわいそう」などのネガティヴな感想が多くみられ、子どもは障害のマイナス面に注目している様子が見られるとしている。

　一方、「疑似体験」には、意義があるとする研究もある。伊藤（2002）は、「寝たきり体験」を短大生の実習で行っている。この実習では、参加者の苦痛・不安・羞恥心を刺激し、関わる相手への心身の状態へのイメージ、共感、

感性を磨くものとされている。準備物は、アイマスク、パジャマ、手足を縛る紐、食べやすいスプーン、枕などで、実習は「寝たきり体験の早朝に紙オムツを装着し、床上排尿を行ったあと、会場に行き、パジャマに着替え、アイマスクをして臥床して寝たきり体験を開始、その後、担当教員等がベッドに体験者の手足を拘束する」といった内容である。この実習においては、入浴や排泄に関連する実習の拒否感が強く、受講者の主体性や個別性への配慮も必要であったとする。

　確かに伊藤（2002）の実習プログラムは、全介助を要する人の心情を理解し、より丁寧な支援につながる内容かもしれない。しかし、疑似体験で注意すべきことは、アイマスクをつけたことで視覚障害そのものを体験できているわけではないし、全介助を要するとはいえ、車いすに乗って移動することや濡れたオムツを装着し、手足を拘束した状態で障害のある人の身体や感覚そのものを理解できているわけではないということである。それらは、あくまでも障害のない人が、身体機能の一部の自由度がなくなった場合どのように感じられるかといった体験であり、本質的な障害を理解するには限界があることを実践する側は認識しなければならない。

　次に、「技能・知識の習得」では、車いすの押し方や手話や点字の習得などがある。例えば、学校教育での福祉教育では、点字や車いすについてインターネットで調べ学習を行ったり、1年に数回、社会福祉協議会等から車いすを貸借し、実際に操作したりする体験がある。

　確かに、あるほうがよい知識といえるが、障害のある人に関わった経験がない教員が説明を行った場合、正しい内容が伝達されているかについては、疑問が残る。障害のある人は、生身の人間であり、机上の学習だけでは、本当の障害理解につながったとは考えにくい。このような学習には、あくまで障害のある本人が介在するべきであり、もし、どうしても「技術・知識の習得」に主眼をおくということならば、例えば、年

間の学習計画で、「技術・知識の習得」とともに、実際に、障害のある当事者と関わる機会があるべきだと考える。

　中村（2011、p.7）は、特別支援教育の免許取得科目では、障害に関する「知見」の提示が多いため、当事者との関わりの中で考えるプロセスの必要性について述べている。大学での教員養成を受けた人材が、将来、学齢期の子どもを対象とした福祉教育の実践者になるであろうことを考えると、大学教育においても、障害のある人と実際に関わり、その関わりについて考えるような学習プログラムが必要であると考えられる。

　「施設訪問」では、年に数回、小・中学校の福祉教育の一環やPTAや地域住民への障害のある人への理解や啓発を促すために、特別支援学校への学校訪問が行われる場合がある。不幸な境遇の人がいる施設を訪れることを「慰問」と表現する場合があるが、継続的に在籍する児童・生徒との関わりが得られるような活動がその後企画されるなら、障害の理解に少しでもつながるのであろうが、場合によっては、廊下を素通りし、活動を遠巻きに見学するような見学も散見される。そして、事後に「このような機具が特別支援学校にあった」「このような発見をした」と感想文を書いて終了するケースも少なくない。このような「施設見学」については、障害のある人と、訪問する人には、人間としての対等性が感じられるとはいえない。実際、障害のある本人や家族などの当事者からは、こうした訪問に対して、批判的な指摘を受けることも現場では少なくない。

　長谷部（2008、p.38）も、「子どもにとっては、障害のある人との地域での出会いや一緒に暮らす仲間として知り合うことが福祉教育実践では重要であり、「してあげる」からの脱却を図るべきだ」と述べている。大橋（2008、pp.46-47）は、「戦前日本の救済制度に触れ、『福祉』の語源は、社会発展の基盤をなす労働力の確保をめぐってなされたものであり、労働力のない障害のある人を救済する制度が起源であるとした上で、「して

あげる」という発想がある」とする。

このように従来の障害を理解するプログラムに対して課題意識を持っている研究者が存在する。

2．障害啓発研修と障害平等研修

一方、英国では、障害平等研修（DET：Disability Equality Training）も盛んである。これは、1980年代から障害者運動と共に発展してきた。障害平等研修として確立したのは1990年代前半である。背景には、ジェンダー問題や、エスニックマイノリティなどで社会的排除を受けている人々の権利運動の推進と障害者差別禁止法（DDA）などの法律の制定に基づく。これは、障害者の機能に着目する啓発の取り組みとは異なり、英国では、障害平等研修（DET：Disability Equality Training）と障害啓発研修（DAT：Disability Awareness Training）が区別されている。

障害啓発研修と障害平等研修との大きな違いは、障害啓発研修の焦点が身体機能であるのに対し、障害平等研修の焦点は社会的排除にある点である。ギャレスピー＆キャンベル（2005、p.9）は、障害平等研修について次の違いがあるとする。

第一に、「障害を身体機能の問題ではなく権利と機会の不平等という社会の障壁・差別として捉える」、第二に「障害の医学モデルではなく社会モデルを基礎とする」、第三に「単なる啓発や表層的な行為の変化ではなく、差別や不平等の原因とメカニズムを理解し社会を変革していくことを支援する」、第四に「できないことや障害の機能的側面の理解しか強調しない疑似体験を用いていない」、第五に「障害者自身が指導者となる」ということである。

また、「障害啓発研修は医療や福祉従事者が行うことが多いが、平等研修は障害者のみが指導者となれる」とする。その理由は、「障害を社会的

抑圧として直接経験したものだけが、障害という課題全体を現実のものとして指導できる」と捉えられているからである。グループワークや研修の技術を持つことも必要とされるが、障害のある人は、教育機会へのアクセスも限られているため、経験や実施のための技術の有無が重要視されている。研修期間も、最低でも2日間の日程が必要とされる。1日目の終わりには、参加者は研修で得た知識を他の場面にあてはめることができるようになり、2日目には参加者の実際の業務における差別的行為について明らかにするものである（ギャレスピー＆キャンベル、2005、p.18）。

障害啓発研修の主たるプログラムである「疑似体験」「技能・知識の習得」「施設訪問」については、障害のある人の身体的機能の不自由さなどを疑似的に体験できるが、障害のある人の社会的排除や生活背景の考察まで至らないとされている。一方、障害のある本人が行う障害平等研修は、障害を社会的抑圧として捉えることができるのが特徴であるといえる。

表10-1　障害平等研修の特徴

○障害を身体機能の問題ではなく権利と機会の不平等という社会の障壁・差別として捉える。
○障害の社会モデルを基礎とする。
○単なる啓発や表層的な行為の変化ではなく，差別や不平等の原因とメカニズムを理解し社会を変革していくことを支援する。
○できないことや障害の機能的側面の理解しか強調しない疑似体験を用いていない。
○障害者自身が指導者となる。

出典：ギャレスピー＝キャンベル、久野訳（2005）より作成

3．交流教育及び共同学習

障害のある子どもとない子どもが交流することで、相互のふれあいや理解を促すことを目的とした教育方法の一つとして、交流及び共同学習

がある。

　1970年に教育課程審議会から、障害の理解と、活動を共にする機会を積極的に設けるようにするための「交流教育」が提言され、1971年養護学校（肢体不自由）小・中学部学習指導要領で、特別活動の5で「児童または生徒の経験を広め、社会性を養い、好ましい人間関係を育てるため、小学校の児童または中学校の生徒と活動をともにする機会を積極的に設けるようにすることが望ましい。」と謳われ、従来、運動会や学芸会・文化祭といった学校行事の中で、小・中学校の児童・生徒と交流が行われていた。

　1979年に養護学校義務化が実施されたことで、肢体不自由の重度の障害のある児童・生徒はすべて肢体不自由養護学校へ就学することが義務づけられた。同年に、盲学校、聾学校及び養護学校 小学部・中学部学習指導要領が施行され、総則及び、第4章の特別活動で、「児童又は生徒の経験を広め、社会性を養い、好ましい人間関係を育てるため、小学校の児童又は中学校の生徒及び地域社会の人々と活動を共にする機会を積極的に設けることが必要である。」と明記された。

　また、文部省では、継続的・発展的に心身障害児理解推進指導資料の作成・配布、心身障害児理解推進校の指定、心身障害児交流活動地域推進研究校の指定を行った。

　「交流教育の実施に当たって」では、「啓発活動」「交流教育実施のための組織と運営」「交流教育の場」という項目があり、「障害のある子どもとのふれあいの場」を学校単位でどのように構築していくのかが述べられている。

　「盲学校、聾学校及び養護学校 小学部・中学部学習指導要領」（1993年施行）では、総則において「地域や学校の実態等に応じ、地域社会との連携を深めるとともに、学校相互の連携や交流を図ることにも努めること。特に、児童又は生徒の経験を広め、社会性を養い、好ましい人間関

係を育てるため、学校の教育活動全体を通じて、小学校の児童又は中学校の生徒及び地域社会の人々と活動を共にする機会を積極的に設けるようにすること。」と述べられ、地域や学校の実情に応じて、特別活動のみならず、学校の教育活動全体を通した共同学習や交流について触れられている。第4章では、留意事項として、「児童又は生徒の心身の障害の状態及び特性等を考慮して、活動の種類や時期、実施方法等を適切に定めるものとする。」とされている。

　しかし、交流教育を実施する現場には課題がいくつかあった。舟木（1985）は、交流教育に関する教師の意識に視点を当て、個別面接法で調査を行った。面接の主な観点は、「交流教育の実践に関する意見」「教師の障がいのある子どもに対する意識」などであった。その結果、「子どもの障がいの程度によって、交流教育に困難さがみられるため、対策や配慮が必要である。」「普通学級の担任は、障がいのある子どもについての知識が少なく、関心が薄いこともあるので、連携をとりやすいように、学校の体制を工夫する」「交流教育を行うことによって、普通学級の担任や子どもが負担になる」といった内容が得られている。

　1990年代以降、学校教育も改革を迫られ、学校の内と外といった枠組みが取り払われつつあった。「開かれた学校」「生きる力を育む」などのキーワードのもと、学校5日制の導入や総合的な学習の時間などカリキュラムの改編を試みる施策が具体化された（松岡、2006）。「盲学校、聾学校及び養護学校 小学部・中学部学習指導要領」（2002年施行）総則、第2節「教育課程の編成」では、「開かれた学校づくりを進めるため、地域や学校の実態等に応じ、家庭や地域の人々の協力を得るなど家庭や地域社会との連携を深めること。また、学校相互の連携や交流を図ることにも努めること。特に、児童又は生徒の経験を広めて積極的な態度を養い、社会性や豊かな人間性をはぐくむために、学校の教育活動全体を通じて、小学校の児童又は中学校の生徒及び地域の人々などと活動を共にする機会を

積極的に設けるようにすること。」と謳われ、これらの施策は、「開かれた学校づくり」「家庭や地域との連携」等が様々な施策を反映したものであると考えられる。

時を同じくして、1999年に告示された小学校学習指導要領では総則の指導計画の作成等に当たって配慮すべき事項で「開かれた学校づくりを進めるため、地域や学校の実態等に応じ、家庭や地域の人々の協力を得るなど家庭や地域社会との連携を深めること。また、小学校間や幼稚園、中学校、盲学校、聾学校及び養護学校などとの間の連携や交流を図るとともに、障害のある幼児児童生徒や高齢者などとの交流の機会を設けること。」と障害のある子どもとの交流の機会を設けることが初めて明確に示された。

それでは、このような交流教育は、実際の教育現場では積極的に推進されてきたのであろうか。田村（1998）の1997年度の居住地校交流の実施状況調査によると、全国の肢体不自由養護学校の有効回答数147校中、居住地校交流を実施している学校数は小学部57校（38.8%）、中学部は、29校（20.4%）であった。問題点として、「引率体制」「学校に残る児童・生徒の教育課程」「安全確保・緊急体制」「学校の多忙さ」「学校週5日制に伴う時間設定」などをあげ、課題としては、「小・中学校学習指導要領への交流教育の明確な位置づけ」「引率、打ち合わせ旅費、教材費などの条件整備」「教育課程への位置づけ」「養護諸学校と居住地校を含めたネットワーク作り」「研究者や研究機関との連携」「居住地校交流を推進する環境作り」が必要であるとされる。この調査に見られるように、特別支援学校と義務教育段階である小・中学校が「居住地校交流」を行うにあたっては、双方の学校とも交流教育実施に関しては課題を有するために、年に数回の「居住地校交流」で終わっているケースが散見される。

生後約40日で骨形成不全症と診断され、学齢期は養護学校に通学し、1983年から半年間、米国のバークレー自立生活センターで研修を受け、

ピア・カウンセリングを日本に紹介した安積（1993、pp.89-90）は、交流教育について次のように述べている。「養護学校にいたころ、年に一回ぐらい、普通学校の生徒たちが訪ねてくる『交流学習の日』というのがあった。障害をもつ子とない子が一年にたった一回、出会ったからって、何が変わるってものでもなかろうに。」と述べている。この安積の指摘は、障害のある当事者からの「交流教育」に対する率直な感想であろう。
　しかし、交流教育によって、障害のある子どもの理解が深まったとみる研究もある。
　尾谷他（1992）は、小学校時代に養護学校との交流教育を経験した中学生と、交流経験のない中学生との間に、障害のある生徒や養護学校の理解にどのような差異があるかを検討するために中学生298名を対象に、質問紙法を用いた。その結果、「交流経験の有無にかかわらず、この地域の生徒の障がいのある子どもに対する関心が全体的に高い」「交流経験のある生徒は、交流経験からの意識の深まりが見られた」「学年別の比較では、1年生が最も障がいのある子どもに関心を示し、学年が上がるにつれ障がいのある子どもに対する理解度が深まっている」とし、学童期の交流経験が継続的に維持され、人間理解の深まりももたらす可能性があるとしている。
　2004年の障害者基本法の改正では、第14条、第3項に「国及び地方公共団体は、障害のある児童及び生徒と障害のない児童及び生徒との交流及び共同学習を積極的に進めることによって、その相互理解を促進しなければならない。」と謳われている。そして、「障害のある児童生徒とその保護者の意思及びニーズを尊重しつつ、障害のある児童・生徒と障害のない児童・生徒が共に育ち学ぶ教育を受けることができる環境整備を行うこと」の付帯決議（法律案に対する付帯決議）がなされ、障害のある児童生徒が共に学ぶ教育について提言している。また、「障がいのある子どもと障がいのない子どもが一緒に参加する活動は、相互理解による

豊かな人間性を育むことを目的とする交流の側面と、各教科等のねらいの達成を目的とする共同学習の側面が考えられ、『交流及び共同学習』という表現は、両方の側面が一体のものであることをより明確に示した」とされる。しかし、「交流及び共同学習」とは、従来の交流教育の延長線上にある活動であり、ここでの「共同学習」の概念は「教科等のねらいを持ちながら障害のある子どもと障害のない子どもが共に学ぶ」ことと推測できるが、明確な定義はされていなかった。

　「特別支援教育の在り方に関する特別委員会におけるこれまでの主な意見」（文部科学省、2010）では、「交流及び共同学習」において、「地域で夏休み、そして土曜日・日曜日を過ごすこともあり、地域生活も含めた考え方をとり、それで居住地で色々な交流ができるような支援計画を作成していくのも一つの方法である」「地域の子どもとの交流は大事であるが、地域との交流と、普通学級に入った場合のその子どもの自立を促す教育というのは、必ずしも理想的には両立しない部分があり、それが学校現場の悩みであろうと思う」などの意見が委員からあげられている。

　この2011年には、障害者基本法が再度改正された。そこでは、第16条「教育」の第一項において、「国及び地方公共団体は、障害者が、その年齢及び能力に応じ、かつその特性を踏まえた十分な教育が受けられるようにするため、可能な限り障害者である児童及びと障害者でない児童及び生徒が共に教育が受けられるように配慮しつつ、教育の内容及び方法の改善及び充実を図る等必要な施策を講じなければならない」とされた。第3項の交流及び共同学習の文章の変更はなかったが、2011年7月の参議院内閣委員会では、この内容について、「障がいの有無に関わらず通常学級に在籍しながら教育を受けられるようにする基本方針はあるが、本人や保護者が特別支援学校や特別支援学級を希望する際には、交流及び共同学習を通して相互理解を促進する趣旨がある」という内容の討議がなされている。この討議によると交流及び共同学習は、特別支援学級や特別

支援学校の在籍を希望した子どもを対象として行われることになると考えられるため、今後は個に応じた交流及び共同学習のあり方が求められるといえる。

また、中央教育審議会（2012）の示すインクルーシブ教育システムにおいては、スクールクラスター内での交流及び共同学習を介した支援の方策についても提案されている。地域における様々な知見の活用が必要であろう。

4．障害のある人に出会った際の学生の反応

以下は、近畿圏にある大学で障害のある人に出会った際にどのように感じるかを学生30名に、記述式で質問した内容である。

質問内容

> もし、あなたが重度・重複障害のあるお子さんに初めて会ったとき、どのように 感じたり、思ったりするでしょうか？ また、どのように関わろうとするでしょうか？

回答の結果は、記述内容を検討した結果、
① どちらかというと積極的に関わる態度をとる記述
② どちらかというと不安を感じながら、関わろうとする記述
③ どちらかというと消極的な態度をとる記述
に分類された。

分類された内容や結果については、再度30名の学生に示し、相互に確認をした。

第10章　インクルーシブ教育時代の障害理解教育

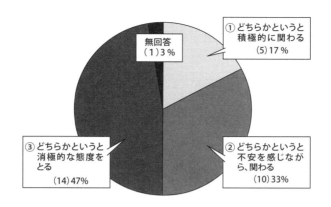

図10-1　障害のある人に出会った際の学生の反応

　以下は、分類された記述であるが、本来の趣旨を損ねない程度に、加工を施しているものもある。

＜障害のある人に出会った際の学生の反応＞
①　どちらかというと積極的に関わる態度をとる記述（5）
➤ 私の近所のお子さんが、寝たきりだったので、あまり驚いたりかまえたりはしないと思う。いつも思っていたのは、苦しいときにすぐに対処してあげたいということだった。だから一緒に隣にいてあげて変化に気づいてあげることならできるし、そういった関わりをしたい。また、手を握り、頬をトントンとすると笑顔になるので、触れてあげたい。保護者の方から、どんなことをしたらいつも喜ぶのか聞いて、それを実践するとよいと思う。医療的な部分では役に立てないけど、一緒の時間を過ごすことが大切であると思う。
➤ 家族に、知的障害があり、幼いころから肢体不自由のある子どもにも、特別支援学校などでよく会っていたので、ごくふつうに受け入れると思います。障害のない子どもと基本的には同じように接します。ただ、その子も持っている障害などによって、特に気をつけなければならないことに

は気をつけようと思います。例えば歩行に困難がある場合は、相手に歩調を合わせることや、安全な通路を通ることなどです。

➤ 普段言葉でコミュニケーションをとっているので、最初は戸惑うかもしれない。まず握手をしてあいさつをしたい。言葉は伝わらなくても、気持ちや空気感は伝わるのではないかと思う。でも日常生活でふと出会ったときに実際どうなるかはわからない。近所に重度の障害のあるお兄さんがいました。小学生の頃によく遊びに行っていた。実家の仕事の関係で、一緒にお菓子を作ったりすることもあった。一緒に何かして過ごすことでわかることがたくさんあるように思う。

➤ 近所に特別支援学校があり、日常的にそこに通う人の姿を見る。今日も団体で互いに手をつないでどこかに出かける姿を見かけた。中には車いすの人もいた。地元ではこうした風景が毎日の生活場面に溶け込んでいる。何か困っている様子、助けがいるようであれば、それを手伝うように関わるのは障害あるなし関係なくしたいと思う。笑顔を見せてあいさつするだけでも交流できると思う。

➤ 私は今までに、重度・重複障害のある子どもに直接あったことはありませんが、テレビなどで見て、かわいそうだなと思ってしまいました。しかしそのように感じるのは障害のある人に失礼だなと感じます。もし、そのような人に関わることがあるなら、できる限り、他の人と同じように接することができればと思います。また、私は小学生のときに、よく知的障害のある子たちと関わっていたのですが、その子たちのことを理解することにつとめて、その上で普通に接していました。

② どちらかというと不安を感じながら、関わろうとする記述（10）

➤ もし、私が重い障害のある子どもに初めてあったら、最初は申し訳ないけれど、大変そうだなと思ってしまうと思う。でも障害があっても、それ以外は私たちと何一つかわらないのだから、同じように接する。ことばが話せないことや、身体が動かしにくいことは、私たちの「勉

第10章 インクルーシブ教育時代の障害理解教育

強が苦手」「運動が苦手」「泳げない」などのことと同じようなものだと思う。だから、少し普通の人よりは難しいかもしれないけど、コミュニケーションがとれるのではないかなと思う。
➤ 言葉かけや遊具を通して、コミュニケーションをとることができない状態の子どもだったら、最初は戸惑い、ただどうしていいかわからず、観察するだけになってしまいそうだと思う。そこから目線を合わせて見たり、身体に触れてみたりしてコミュニケーションをとりたいと思うが、まずは、その子の身の回りの世話の手伝いなど「必要な部分」で関わると思う。
➤ とても戸惑うと思います。どのように接していいのかわからずに、おどおどして、その子どもさんのことをかわいそうだと思ってしまうかもしれません。正直にいうと、もしかしたら、その障害に、恐れを感じてしまうかもしれません。その中でどうにかコミュニケーションをとるというか、関係を築けるように接したり、少しでも手助けできることを探したりすると思います。
➤ 大変そうだとか、あまり思ってはいけないのかもしれないが、かわいそうだと思ったりする。できるだけ笑顔で、なるべく関わっていきたい。
➤ 障害のある人が親族にいたが、「どのように接すればよいか」については、正直判断に困ると思う。障害に応じて、「少しゆっくりした声で話す」などの配慮をする場合はあるが、基本的に障害のない人と関わる場合と同じ関わり方をする。
➤ 現時点でそのようなことに対して、知識がないので、初めはかなり戸惑うと思います。まず、子どもの身近な人の話をよく聞き、その子どもがどのような状態かを確認すると思います。もし、長く一緒に接することになれば、言葉でコミュニケーションをとれなくても、なんとなくどうしてほしいのかわかってくるのではないかと思います。
➤ 正直、自分自身が病気などの経験がないため、かわいそうだと思ってし

まい、どのように関わっていいのかわからないと思います。しかし、以前「身体に障害があるのは、少し目が見えなかったりして、コンタクト、めがねをするのと同じで、不幸でもなんでもない」と言っている障害者の人がいました。その意見から、障害の程度が重くても、それは同じなのかなと思うので、私は他の人と接するのと同じような気持ちで接したいと思います。
➢ 最初はおそらくどう接していいかわからず、戸惑うと思うが、なるべく普段通りに関わろうとする。
➢ 障害者に対する理解は、以前より深まっているとはいうものの、これまで私が生活してきた中で、障害者の人と密接に関わったことはありません。そのような子どもたちを目の前にしたら、どのように接するべきかわからないと思います。何を好み、嫌がり、楽しむのかを観察し、その人の価値観を知り、その人の目線で関わっていきたいと思います。価値観を知ろうとすることでお互いにとって居心地の良い関係を築けると思います。
➢ 吸引や呼吸器が必要と考えただけで痛そうであるが、普通に関わりたい。

③ **どちらかというと消極的な態度をとる記述（14）**
➢ どのように接したらよいのかわからず何もできないと思う。接し方によっては相手を悲しませ、プライドを傷つけてしまうと思うからだ。今まで小・中学校で障害のある人と関わった経験があり、家族も重度の身体障害者であるので、ネガティブな感情はいだかないが、家族の反応を見る限り、どのように接したらいいのかわからない。
➢ 単純な意見として、大変なんだろうなと思う。関わったことはこれまで少ないが、どのように関わるかどうかをいざ考えてみると実感がわかない。自分から積極的にはたらきかけることは、必ずしも求められていることではないのではないかと考えてしまう。
➢ 重度の障害の場合、何を話しかけていいのかわからないと思うし、話しか

けても反応がないと困ってしまって、そのうち話しかけること自体をあきらめてしまうと思う。必要以上に身構えて、具合が急に悪くなってしまったときなどは、動揺してしまうと思う。
- どのように接すればよいのか、どうコミュニケーションをとればよいのかと不安になると思います。とりあえず、障害の有無にかかわらず、初めて会う人がしゃべるような感じで話してみると思います。近所に聴覚障害の方がいらっしゃいますが、成人なので口の動きで理解してくれ、コミュニケーションが可能ですが、「子ども」の場合、大丈夫かと少し不安になります。
- 私は小・中と公共交通機関を利用していたので、障害のあるお子さんに出会うことも多かったです。知的障害のあるお子さんは、少し雰囲気や、振る舞いも多少異なっているため、普通の子どもさんと違った形で接するのではありませんが、あまり自分から積極的には関わっていかないと思います。
- 表面上は「普通に接する」といいたいが、自覚のあるなしにかかわらず異なる視点を持ってしまう気がする。必要以上に「親切」を意識した関わり方になってしまいそうである。
- どのように関わっていいのかわからないので、関わる機会があるときは、そのまわりの人に聞いてから関わっていくと思う。
- 小学生の頃に、重度の知的障害のある子どもがいた。その子どもに初めて会ったときは、どうすればいいかわからず、ただおろおろしていたのを覚えている。今だったら、おそらく他の人と同様の接し方をすると思う。また、その後の関わりに関しては、しないようにする。
- 多分、私はそのような子どもたちを自分たちとは違うというような目で見てしまうと思います、知的障害は、関わろうと思っても見ていることしかできないように感じます。「かわいそう」とは思うでしょうが、多分どこかで一線を引いて接することしかできないように思います。

- 「どのように生活していくのだろう」と同情に近いような気持ちを抱いてしまう。ケア専門の人に任せて、自分からは積極的に接しないと思われる。
- できるだけ見ないように気を使う。もし自分だったら特異なものを見る目で見られたくない。障害が軽い場合には、学校の交流活動の際に、好きなことや、考えていることなどが変わらないと感じた。障害が重度の場合には、交流をするのは難しく不安が大きい。
- 服をつかまれたことがあり、あまり視線を向けないようにし、話しかけを待つ。基本的に受け身になると思われる。
- 自分でなくてよかった。障害のある人の生活はわからないが、一緒にいるときにケガをしても責任をとれないので、積極的に関与しようとは思わない。
- 何の感情も浮かばないが、母親が周囲に対して気を遣っているのを見て、かわいそうに思うこともある。困っている場合は、助けることもあると思うが、特に関わりを持とうと思ったことはない。障害のある子どもと自分の二者で何かあると怖いし、第三者である世話をする人を介さないと交流できないと思う。

このような若年層といえる学生の意見からは、障害のある人や児童・生徒と出会った際に、積極的に関わろうとする意見と戸惑いを示す意見、自分が関与する必要がないのではないかといった意見が見受けられた。インクルーシブということばは、「包含」を意味すると前述したが、周囲の人々がいることで、温かく包みこまれていくのである。また、若年層の障害に対する態度や意識は、これまで受けてきた教育にも関係があると思われる。学校教育においては、教科の学習内容の定着や授業時間数の確保が優先されるため、福祉教育や障害の理解といった学習内容は、どうしても後景に退いてしまう場合もある。

また、このような福祉教育や障害の理解といった学習内容は、これからの少子高齢化時代を生きる児童・生徒にとって不可欠な学習であろう。
　従って、インクルーシブ教育システムを理解するための教育プログラムについても学校の教育課程の中で検討する必要があるのではないだろうか。

5．障害理解体験から障害協働体験へ

（1）　障害を理解することとは
　現在、筆者らは、障害のある人と活動において、協働することを通して、相互の理解を深める試みを行っている。
　前述した「共生社会の形成に向けたインクルーシブ教育システム構築のための特別支援教育の推進（報告）」（中央教育審議会初等中等教育分科会、2012）においては、学校教育における基礎的環境整備やアクセシビリティについて言及されている。2014年2月には、日本においても障害者の権利に関する条約が効力を発し、2016年4月に施行される障害者差別解消法に基づいた差別の取り扱いの禁止や合理的配慮の提供が求められている。従って、今後は、学校教育においては、情報保障やアクセシビリティなど、障害のある児童・生徒への個々の合理的配慮のあり方について検討をしていくことが求められる。このような動向を勘案しても、児童・生徒にとって、障害のある人を理解するための教育活動は不可欠であろう。
　芝田（2010、p.26）は、「指導者には障害の意味や捉え方・考え方を多角的に考察し、より適切に認識しておくことが欠かせない。これは、障害理解教育や社会啓発を推進するための基底となるものである」と述べている。
　学校教育で行われている障害理解教育においては、アイマスク体験など

の疑似障害体験が多くなされている（芝田、2010）。通常、疑似障害体験では、「車いすやアイマスクのような補装具ないし拘束具を用いて、健常者の身体状態を障害者のそれに近似させることで障害の体験が可能になる」と考えられてきた（松原・佐藤、2011）。

玉井（2016）は、社会の構造的変化に伴う子どもの成育環境（環境因子）の変化に触れ、情報化の影響による「コミュニケーション能力の低下」「体験や実感の減少とバーチャル世界への依存」が子どもの発達に及ぼす影響に触れている。

確かに、美しい映像に触れて、子どもがそのストーリーの中に入っていくことで、自らが主人公となり、疑似体験をした上で、周囲にその内容を語ることは、コミュニケーションの促進になる場合がある。

しかしながら、障害疑似体験は、障害のある本人が不在のバーチャル世界の体験ともいうこともできる。障害疑似体験によって形成される障害観の教育面での影響については、考慮しなければならないだろう。

芝田（2012）は、視覚障害に関する疑似障害体験プログラム終了時の受講生の感想に言及しているが、歩行体験では、「ちょっとした環境の変化であらたな不安・恐怖を多少感じることがある」といった内容をあげている。また、疑似体験プログラムについては、非障害者同士で実施されることが多く、障害のある本人の感覚とは差異があるのではないかということである。

筆者が提案するのは、障害のある本人と周囲の人々とのコミュニケーションや社会的相互作用を重視した障害協働体験である。以下においては、これまでの筆者が参画した実践例を述べていきたい。

（2）　具体的な活動に共に参画することでの協働体験

このような内容の活動には、津田（2006）、清水・津田（2007）、高橋（2010）、清水・高橋・津田（2014）、田原・見立・玉井・山本・高橋（2016）の研究があげられる。

第10章　インクルーシブ教育時代の障害理解教育

　例えば、第8章の、ボランティア、地域の人、保護者、医療的ケアを要する児童が共に参画する活動「こんなに立てちゃうし、歩けちゃうんだよ」での事例を考えてみる。

　徒弟制度から正統的周辺参加論を提唱したLave & Wenger（1991、p.54）は、社会的実践への参加を学習の基本的な形として、検討を加えている。

　松下（1996）は、正統的周辺参加論の再解釈を試みているが、実践共同体とは、物理的な場の共有ではなく、実践共同体の歴史的発展を支える「中心的な活動」の「意味を共有」することが「参加」であると捉えている。また、実践共同体への「参加」については、他の参加者とともに、実践の一部を担う「実質的参加」と、活動の意味を共有することで実践共同体へ間接的に参加する「試行的参加」があると説明している（松下、1996；森島・山本・岡野、2007）。

　「こんなに立てちゃうし、歩けちゃうんだよ」の事例においては、継続的に参加することで活動を担っているのが、「実質的参加者」であり、その実践に、初めて参入する障害のある人や不特定多数の地域住民等の「試行的参加者」が存在する。そして、実質的参加者が時間をかけて計画し、各回の実践を行う「プログラムの実践」が「中心的活動」であると考えられる。

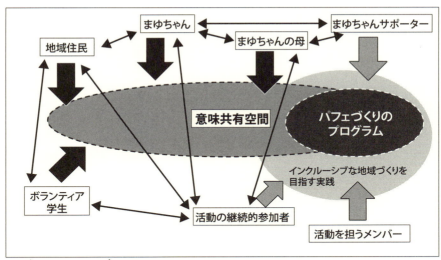

注：▶：試行的参加　▷：実質的参加　↔：参加者間の社会的相互作用

図10-2　「こんなに立てちゃうし、歩けちゃうんだよ」での具体的な活動に共に参画することによる協働体験

　このような活動においては、地域住民や学生をはじめとするサポーター役、障害のある人とその家族が相互に関わることで障害のある人の理解につながっているといえる。継続的参加者は、サポーター役になる、ならないにかかわらず、障害のある人を継続的に見ているため、普段の様子についても、一定、把握・共有することが可能となる。このことは、継続的参加者にとっても「意味の共有」であるともいえる。人間は、それぞれ特性が異なり、日によっても体調も異なる。また、子どもの場合においては、成長するにしたがってライフスタイルも変わってくるだろう。そのため障害のある人の理解や関係形成を行うためには、専門家より伝達される知識や疑似体験も重要であるが、まず、実践の場での過程における社会的相互作用に着目することや、それに随伴する「気づき」や「学び」を重視することが重要であると考えられる。初対面の専門家より、実践の場と歴史を共に共有してきた実践者や障害のある子どもと

ともに歩んできた伴走者の方がより障害のある子どもとのラポールを築くことができているはずだからである。

　清水・高橋・津田（2014）においては、実践に参画しているメンバー（1回当たり約50名程度）を対象に、ミーティングにて呼びかけ、インタビューが参加者に公開する形で実施された。インタビューは障害のある子どもの家族、ボランティア、地域住民など様々な立場のメンバーを対象として継続的に行われていった。インタビューは活動終了後にそれぞれ1時間30分程度の時間をかけて行われ、各回十数名の参加者があった。インタビュアーもその中でインタビュイーへの関心が高い人が自発的に担当した。半構造化された質問内容は、主として次の4点であった。

① あなたは、何のために実践に参加しているのですか？
② 実践の魅力は何ですか？
③ 実践で、「障害のある子どもたちの参加を中心とした多様な人たちの関係形成の場づくり」というコンセプトが実現していると感じるシーンを教えてください。
④ 実践上の課題

　この研究では、実践において中心的な役割を担う島田さん（仮名）のインタビューが取り上げられた。島田さんのインタビューデータの逐語録は、テキストデータ化し、M-GTA や KJ 法等を参照して実践に関与する研究者3名で分析を行ったが、データが同一であっても、各分析者の感性によってデータの意味づけが異なるということに特に注意を払われた。その際、エピソード分析や現象学的分析の知見を参照しながら、データの持つ多義性を確認し考察を進めながら分析が進められた。図10-3は、複数の分析者個々人の個別の作業と、分析者同士のディスカッションや

観点の共有とを繰り返したもののうち、筆者が作成したものである。
　以下は、分析者3名のディスカッション時の記述であるが、実践において、中心的な役割を担う島田さんのインタビューからは、次のような学びが生じているのではないかと討議された。

　島田さんの語りにおいては、従前の知的障害のある人から水をかけられた「衝撃的な体験」を経て、障害のある子どもとの出会いから得られたインフォーマルラーニングから、障害のある子どもの学習に関与していこうとする島田さん自身の姿勢の変化が見受けられる。このことは、これまで識字学習の実践以外に島田さんが実践の幅を広げた島田さん自身の意味パースペクティブの変容であり、ポジティブ・ラーニングと捉えることができる。
　一方、島田さん自身の分析においても「自分自身の葛藤・悩み」という項が興され、コンフリクトやジレンマが生じている様子がうかがえる。しかしながら、島田さん自身「実践できていないと感じること」から「自分自身の悩み」において、省察を施しており、「専門家への疑問」では、「専門家とは、問題を抱えた当事者を抑圧することなく、当事者のよき理解者であり、寄り添うことのできる人たちでなければならないと思う。」「発達障害者への対応の困難性」においては、「ボランティアとしても、さまざまな人たちを受け入れる心構えが必要である。」「実践から得たもの」では、「私にとって障害は、人と人との間にあるものであり、それによって生きづらさが生じるようなものではないかと考えるようになった。こうした意味での障害は、ありとあらゆるところに存在していて、この社会は、とても生きづらいことがたくさんあるのではないかと思えるようになった。」と参加型実践に対する示唆をしている。
　このようなポジティブ・ラーニングとコンフリクトやジレンマを超越し、実践のプロセスに対して示唆していくという行為は、実践の進化に

つながるものであり、島田さん自身も自己を統合していくといった発達的な変化であるとも捉えることができる。特に、今回の島田さんの分析事例は、これまでの島田さん自身の識字学習の実践より、個人的なパースペクティブと社会解放的なパースペクティブの双方を持ち合わせている事例であるともいえよう。

討議の中では、これまでの識字教育での実践を持ち合わせていた島田さんが、障害のある子どもや家族を含む実践に触れることで、学びが生じ、障害のある子どもや家族への行動を志していく様子が言及された。

一方、このような実践においては、以下のような内容の条件を満たすことが望ましいといえる。

① **相互の受容的な関わりとインクルーシブな実践**
ホスピタリティということばがよく使われるが、障害のないサポーター役が障害のある子どもを「もてなす」といった特別な存在としての関わり方ではなく、実践の場においては、対等な立場でお互いの存在をつくり出していくことが重要であると考えられる。つまり、参加するすべての人が実践の場での主人公なのである。インクルーシブな実践とは、新参、古参にかかわらず、実践の場において大切にされ、一員として包み込まれることなのである。

② **自由度の高い参加形態**
学校での一斉授業のように、学習が行われている間、「参加しなければならない」「座っていなければならない」「話を聞かなければならない」のではなく、自由度の高く、協働的な参加形態が望ましい。実践は、指導者よりプログラムを伝達されるのではなく、お互いに自由に参加し、関わり合うことでつくり出していくものである。毎回の実践において、

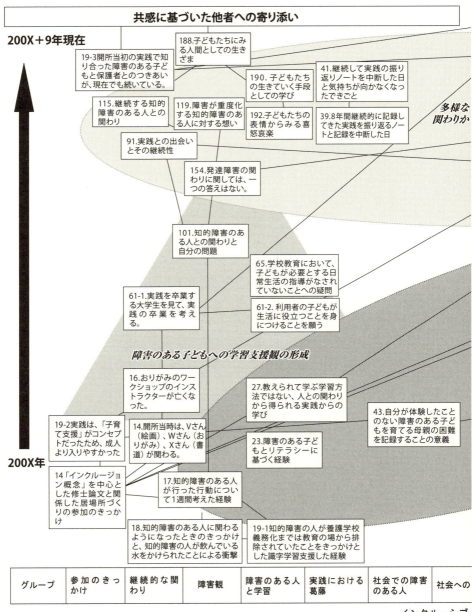

第10章 インクルーシブ教育時代の障害理解教育

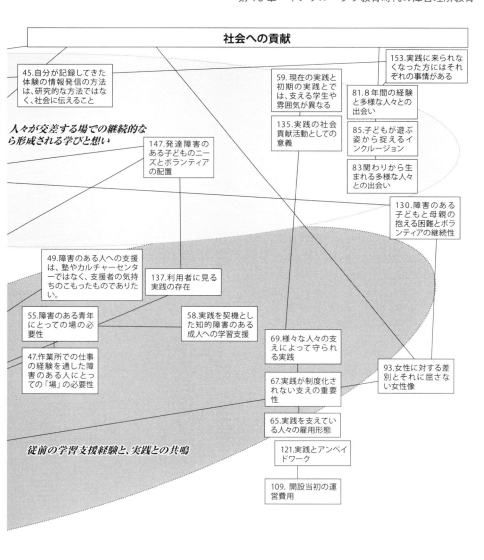

様々な人々の出会いや気付き、関わりが生まれ、新たな実践の形態がつくり出されていくのである。そして、一つとして同じ実践は存在しないのである。

（3） 障害のある人とのコミュニケーションを重視した福祉的な学習

　学校内のバリアフリーマップづくり、手引き学習などの従来の「障害理解教育」「疑似障害体験」として取り扱われていた内容に、障害のある人を含んだ形でのワークショップとして進化させたものである。具体的な研究では、松原・佐藤（2011）、高橋・鈴木（2016）などがあげられる。松原・佐藤（2011）は、大学内で、障害のある学生と障害のない学生がグループごとに「バリバリツアー」とよばれる車椅子や白杖を使ったキャンパスツアー中にミッションを遂行し、ツアー中に感じたバリアについて、写真撮影等を行い、マップ上に表現するというワークショップを試みた。当該研究では、「ディスアビリティが立ち現れる場面に協働的に参加することによってのみディスアビリティの疑似体験は可能になる」ということが示唆されている。

　高橋・鈴木（2016）は、手引き者と視覚障害者との間の「情報コミュニケーション」を重視した「手引き」体験を実施した。「手引き」とは、「視覚障害者が手引き者に誘導されるという受動的な状態を呈してはいるが、実際は、視覚障害者自身が手引き者の腕を持つという能動的で積極的な姿勢による方法であり、視覚障害者の自立の一手段として利用されるもの」である（芝田、2007、p.37）。

　今後の視覚障害者へのボランタリーな手引きのあり方を検討するにあたって、手引き者の経験が十分ではない場合の「介助としての手引き」について、実際に全盲者と学生がコミュニケーションをとりながら歩行する体験が行われているが、その結果、以下のような考察がなされている。

① 視覚障害者が捉える安全と手引き者が捉える安全

手引き者が「危険だ」と思ったことと視覚障害者の意識には、リアリティの認識のズレが存在している。つまり、安全を優先するために障害のある人が参加可能な内容が回避される可能性があるということである。このことは、疑似障害体験（アイマスク体験）を体験した際に、手引き者が恐怖に感じた経験から、視覚障害に関するイメージが形成されたことに起因する可能性がある。

② 視覚障害者の白杖からの発信を受け止める

一般的に、疑似障害体験においては、視覚障害者役、手引き者役に分かれ，A地点からB地点までを安全に移動することを目的として、手引き者役が物理的バリアについて、適宜、口頭で視覚障害者役に伝達することが一般的である。

もちろん、バリアとなる地点については、障害種別にかかわらず、介助者は都度、予告することが被介助者へ予告、伝達することが大原則となっている。しかし、その大原則を踏まえつつも、介助者は、ノンバーバルコミュニケーションを含めた被介助者の微細な動きを察知した上で、被介助者とのコミュニケーションを図ることが望ましい。また、このことは、疑似障害体験では、体験することが困難な点であろう。

③ 情報コミュニケーションによって、生きてきた文化を捉え直す

当該研究においては、視覚障害者の「風強いね。いつもこんなに強い？」という発問について、歩行の便宜を図る認知マップの生成に留まらず、歩行の実践を行ったフィールドにおいて、絶え間ない強風に触れた視覚障害者による新しい発見だと分析している。

高橋・植村・佐藤（2016）は、視覚障害児向けの布絵本の制作に言及し、「布の絵本のように、晴眼者と視覚障害者とが一緒に利用できるものは、教育の道具としてではなく、異なる世界を生きる二人が出会う場と認識したときに真価を発揮するといえよう。」と述べているが、「介助として

の手引き」の実践も同様に、異なる世界を生きる視覚障害者と手引き者が出会う場だったと考えられる。

　障害理解教育は、障害のある人の不自由さや困難を知ることのみが目的ではない。先に述べた大学生の自由記述に見るように関わりに戸惑いを感じている人も多くいる。そのような状況を乗り越えるためには、「人と人をつなぐ試み」や「異なる世界を生きる二人が出会う場」が必要なのである。確かに、杉野他（2008）が示すように、障害疑似体験も障害平等研修も「障害者に対する支援的態度を強化する」という効果には変わりない。また、そのことで、教育目標の一つも達成可能なのかも知れない。

　しかし、様々な人生を生きてきた人間と人間が出会うことで、お互い学び合い、経験を共有することが障害を理解する上で、最も大切なのではないだろうか。

　今後の障害理解教育については、第2章においても述べたように、「社会モデル」を意識した障害理解教育の実践が求められると予測される。筆者らが行った実践については当事者参加型の実践（participatory practice）となっている。

　例えば、筆者が関与したある学校での交流及び共同学習においては、小学校の児童が特別支援学校の児童に「どのような配慮が必要か」について、実際に児童同士でインタビュー調査を行ったものもあった。このような取り組みは、児童生徒の「合理的配慮」の意識向上の醸成にもつながるものではないだろうか。また、日本協同教育学会（2016）では、Tチャートというものを用いる。これは、特定の技能の焦点化を行うものであるが、例のように、（障害のある子どももない子どもも）「お互いにしっかり話を聞く」という活動の際に使ってほしい技能について、言語表現と身体表現で表すものである。このような言語表現と身体表現について、子どもたち自身で考えさせることで、お互いに伝わりやすくなり、協同した学習が促進されることが考えられよう。

Tチャート例 「お互いにしっかり話を聞く」

言語表現	身体表現
「うん」	うなずき
「いいね」	笑顔
「もう一度言って」	指を1本示し、目を合わせる
「一緒に」	手をつなぐ

出典：日本協同教育学会（2016）資料より筆者作成

<引用・参考文献>

秋谷直矩・佐藤貴宣・吉村雅樹（2014）「社会的行為としての歩行：歩行訓練における環境構造化実践のエスノメソドロジー研究，」『認知科学』21巻2号、pp.207-225.

安積遊歩（1993）『癒しのセクシートリップ：わたしは車いすの私が好き』太郎次郎社、pp.89-90.

荒川智（2007）「インクルーシブ教育における参加と多様性の原理」『障害者問題研究』35巻2号 pp.91-99.

伊藤和子（2002）「介護福祉教育における疑似体験の意義と方法」『愛知江南短期大学紀要』31、pp.47-64.

井手良徳（2010）「障害者との接触体験と障害者問題に関する意識との関連」『神戸大学発達・臨床心理学研究』No.9、pp.35-44.

大橋謙策（2008）「国民の社会福祉意識の形成と風化行政」『ふくしと教育』大学図書出版、pp.46-47.

尾谷早苗・嘉屋昌幸・伊藤則博（1992）「交流教育に関する研究：障害児との交流経験がもたらす意識の変容について」北海道教育大学情緒障害教育研究紀要 第11巻、pp.101-110.

関西大学杉野ゼミ（2008）（伊藤貴将・今堀拓也・大向和哉・岡田健吾・岡村剛史・加賀田洋・岸根史明・島村宣幸・末廣和夫・寺尾和馬・歳國直美・萩原敏秀・樋口麻侑子・水本麻里子・森章恵・山口英里・山崎正博・山城沙弥・山田雅代・吉野千佳世・六百田祐作・渡邊愛・杉野昭博）「障害理解研修の効果測定：障害疑似体験と障害平等研修の比較実験」関西大学ディスアビリティ・スタディーズ研究会．

キャス・ギャレスピー＝セルズ、ジェーン・キャンベル（2005）『障害者自身が指導する権利・平等と差別を学ぶ研修ガイド：障害平等研修とは何か』久野研二訳、明石書店、pp.9-18.

久野研二訳（2005）『障害者自身が指導する権利・平等と差別を学ぶ研修ガイド：障害平等研修とは何か』明石書店．

国立特別支援教育総合研究所（2008）「交流及び共同学習の推進に関する実際的研究」．

国立特別支援教育総合研究所（2011）「特別支援学校における障害の重複した子どもの一人一人の教育的ニーズに応じる教育のあり方に関する研究：現状の把握と課題の検討（平成21年度〜22年度）研究成果報告書」．

芝田裕一（2007）『視覚障害児者の理解と支援』北大路書房，p.37．

芝田裕一（2010）「障害理解教育及び社会啓発のための障害に関する考察」『兵庫教育大学研究紀要』第37巻，p.26．

芝田裕一（2012）「視覚障害の疑似障害体験実施の方法及び留意点（2）―手引きによる歩行の具体的プログラム―」『兵庫教育大学研究紀要』40巻，pp.29-36．

清水伸子・津田英二（2007）「インフォーマルな形態での福祉教育実践におけるデータに基づく評価枠組み形成モデル〜個人が体験する変容を生み出す〈場の力〉への着目〜」『日本福祉教育・ボランティア学習学会年報』Vol.12，pp.94-115．

清水伸子・高橋眞琴・津田英二（2014）「インクルーシブな社会をめざす実践におけるインフォーマルラーニングの重層性」『神戸大学大学院人間発達環境学研究科研究紀要』第8巻第1号、pp.165-179．

Jean Lave and Etienne Wenger（1991）*Situated Learning:Legitimate Peripheral Participation*: Cambridge University Press．＝ ジーン　レイヴ・エティエンヌ　ウェンガー、佐伯胖翻訳、福島正人　解説（1993）『状況に埋め込まれた学習：正統的周辺参加』産業図書．

高橋眞琴（2010）「発達障害のある子どもたちへのインフォーマルな「居場所づくり」の取り組みについて―ボランティアと子どもたちとの関わりを通して―」『LD研究』第19巻第2号、pp.71-80．

高橋眞琴・植村要・佐藤貴宣（2016）「視覚障害児のインクルーシブ教育における支援の組織化―視覚障害教育の教材供給の論点整理のために―」『教育実践学論集（兵庫教育大学連合大学院）』第17号．

高橋眞琴・鈴木伸尚「情報コミュニケーションとしての歩行を再考する―『介助としての手引き』時の相互交渉を通して」『鳴門教育大学情報教育ジャーナル』No.13、pp.1-8．（印刷中）

田原美紗子・見立知穂・玉井雅洋・山本遥・高橋眞琴（2016）「人間の理解とコミュニケーション―実践場面への主体的な参画を通して―」『鳴門教育大学授業実践研究』第15号（印刷中）．

玉井日出夫（2016）「子どもの発達と教育システム」子どもみんなプロジェクトin兵庫　子どもの問題の解決に向けて―教育と医学・脳科学との連携―資料

田村真一（2008）「居住地校交流における実証的研究」京都教育大学特殊教育特別専攻科研究論文．

中央教育審議会（2012）「共生社会の形成に向けたインクルーシブ教育システム構築のための特別支援教育の推進（報告）」．
津田英二（2006）「地域におけるインクルーシヴな学びの場づくりの可能性と課題」『日本社会教育・ボランティア学習学会年報』Vol.11、pp.63-82.
内閣府（2010）「障がい者制度改革推進会議：障害者制度改革の推進のための基本的な方向（第一次意見）」．
内閣府（2010）障がい者制度改革推進会議（第 5 回）議事録．
中村義行（2011）「障害理解の視点：『知見』と『かかわり』から」『佛教大学教育学部学会紀要』第 10 号、p.7.
長谷部治（2008）「社会福祉協議会における実践：『子ども市場』ユニバーサルデザイン学習、プログラム変革など」『ふくしと教育』大学図書出版、p.38.
日本協同教育学会（2016）「協同学習法ワークショップ＜ Advance ＞資料 ver.2.1.
広瀬浩二郎（2009）『さわる文化への招待：触覚による手学問のすすめ』世界思想社、pp.2-5.
舟木たまえ（1985）「交流教育に対する教師の意識」『情緒障害教育研究紀要』4 巻、pp.95-98.
古川宇一・李揆晩（1994）「Ｓさんとのおつきあい」『情緒障害教育研究紀要』16 号、pp.237-240.
松岡広路（2006）『生涯学習論の探究：交流・解放・ネットワーク』学文社、p.14.
松下佳代（1996）「共同体への参加としての学習：『正統的周辺参加』論の批判的検討」『立命館教育科学研究』第 8 号、pp.65-76.
松原崇・佐藤貴宣（2011）「障害疑似体験の再構成：疑似体験から協働体験へ」『ボランティア学研究』Vol.11.
森島和博・山本俊彦・岡野昇（2007）「学校体育における学びの再検討：状況主義の学習論に依拠して」『三重大学教育学部研究紀要』58 巻、pp.133-144.
文部省（1981）「交流教育の実際－心身障害児と共に」pp.8-14.
文部省（1992）「盲学校、聾学校及び養護学校小学部・中学部学習指導要領」．
文部省（2002）「盲学校、聾学校及び養護学校小学部・中学部学習指導要領」．
文部科学省（2007）学校教育法施行令．
文部科学省（2010）「特別支援教育の在り方に関する特別委員会におけるこれまでの主な意見」．
山本壮則・池田聡・永田忍・金森裕治(2007)「障害理解学習の現状と実践的課題についての基礎的研究」『大阪教育大学障害児教育研究紀要』第 30 巻、pp.33-44.

おわりに

　本書においては、インクルーシブ教育時代における複数の障害種に対応する教員の専門性について、検討を加えてきた。先に述べたように、本書は、「この障害種に対応するためには、このような専門性が必要である」といった当為論には与さない。ユリー・ブロンフェンブレンナー（Urie Bronfenbrenner）の生態学的システム理論（ecological systems theory）にもみられるように、個人個人を取り巻く状況は、時代や政策、また医学の進歩、本人を取り巻く環境によっても大きく左右されるからである。

　日本においては、インクルーシブ教育システムの構築が急務とされているが、中央教育審議会（2016）によると「『合理的配慮』は、一人一人の障害の状態や教育的ニーズ等に応じて決定されるものであり、その検討の前提として、各学校の設置者及び学校は、興味・関心、学習上又は生活上の困難、健康状態等の当該幼児児童生徒の状態把握を行う必要がある。これを踏まえて、設置者及び学校と本人及び保護者により、個別の教育支援計画を作成する中で、発達段階を考慮しつつ、『合理的配慮』の観点を踏まえ、『合理的配慮』について可能な限り合意形成を図った上で決定し、提供されることが望ましく、その内容を個別の教育支援計画に明記することが望ましい。また、個別の指導計画にも活用されることが望ましい。」とされている。

　今後は、障害のある子どもたちの「合理的配慮」について、本人の意思を確認しながらどのように、個別の教育支援計画に明記し、どのように個別の指導計画において活用していくかが課題となってくるだろう。そのためには、まず、障害のある子どもたちにとっての「合理的配慮」とは、どのようなものかについて、把握することが「複数の障害種に対応する教員の専門性」の一つとして、急務であることは間違いない。

本稿を執筆している現在、筆者は、ロンドンで英国の特別な教育的ニーズ（Special Educational Needs）にかかる教育について調査研究を行っている。英国においては、「特別な教育的ニーズ」に対して、大きく制度改革が行われ、現在、EHCP（Education Health and Care Plan）が打ち出されている。既に、通常学校にこのプランをもっている子どもたちも入学をしてきており、現在は、Special Educational Needs のある子どもたちと併存している状況にある。

　併せて、Person-Centered-Planning に基づくＩＥＰ（Individual Educational Plans：個別の教育支援計画）の作成も実際に行われている。本日は、通常学校（小学校）の Inclusive Leader にインタビュー調査を行ったが、最近40組の SEN のある子どもたちと保護者とのコンサルテーションを行ったところだという。現在の地域のインクルーシブ教育は、この'Inclusive Leader'が実質的に担っている様子である。通常学校における学習形態、学習方法、教材についてもインクルーシブな形となっており、誰に SEN があるのか紹介されなければ、わからない形になっている。

　また、これらの学習形態や指導法に関する教員研修は、子どもたちが不在の長期休暇期間等に4日間かけて実施されるとともに、学校内外の研修会に教員が参加することで、専門性を担保しているという。当然、複数の障害種の子どもたちに対して、通常学校に勤務する教員が対応しているのである。通常学校における教員の専門性を担保する研修体制がこれだけ充実していることを勘案すると、日本におけるインクルーシブ教育システムの構築においては、学習形態や学習方法の検討、教員研修の充実は、避けては通れないだろうと筆者は考える。今回の調査研究の内容については、どこかの機会に紹介できればと考えている。

　英国滞在中、ある出来事があった。コンセントの形態が異なるため、BF 型のコンセント器具を購入し、携帯電話を充電していたが、なかなか充電に至らない。緊急の際の連絡などでバッテリーの残量も少なくなり

大変不安になりつつ、どうしてかと考えながら、ふと他国の滞在で用いる電圧変換器をBF型コンセントと、携帯電話のアダプターの間に入れてみた。すると順調に充電ができるようになった。

　この出来事は、教育においても言えることで、教員による指導のプレッシャーがいくら強くても、受け止める子どもたちに合わなければ、順調に学習が成立しない。教育する側と子どもたちの歩調が合うことやラポールの形成、さらにはそれらを媒介する環境や教材・教具が大切だということである。

　最後に、本書の出版に当たっては、ジアース教育新社の加藤勝博様には、本書の出版に際して、多大なご配慮・ご尽力をいただいた。

　併せて、神戸大学大学院人間発達環境学研究科の津田英二教授、鳴門教育大学大学院学校教育研究科（兵庫教育大学大学院連合学校教育研究科学校教育臨床講座）の田中淳一教授、関西インクルーシブ教育研究会所属の研究者の皆さま、調査研究にご協力いただいた学校の先生方、また、インタビュー調査にご協力をいただいた保護者の皆さまをはじめとして、多数の皆様にご協力をいただいた。ここに謹んで、お礼を申し上げたい。

2016年3月
　英国ロンドンにて

　　　　　　　　　　　　　　　　　　　　　　　　　　　　高橋　眞琴

■著者紹介

高橋　眞琴

鳴門教育大学大学院　特別支援教育専攻　准教授

神戸大学大学院人間発達環境学研究科　博士課程後期課程修了
博士（教育学）、臨床発達心理士
神戸大学大学院人間発達環境学研究科ヒューマン・コミュニティ創成研究セン
　ター障害共生支援部門学外部門研究員、関西インクルーシブ教育研究会所属

―複数の障害種に対応する―
インクルーシブ教育時代の教員の専門性

平成 28 年 4 月 21 日　初版第 1 刷発行

著　者　　高橋　眞琴
発行者　　加藤　勝博
発行所　　株式会社ジアース教育新社
　　　　　〒 101-0054　東京都千代田区神田錦町 1-23 宗保第 2 ビル 5 階
　　　　　電話 03-5282-7183　FAX 03-5282-7892
　　　　　E-mail：info@kyoikushinsha.co.jp
　　　　　ホームページ（http://www.kyoikushinsha.co.jp/）

カバー・表紙デザイン　株式会社彩流工房
印刷・製本　シナノ印刷株式会社
○定価はカバーに表示してあります。
○乱丁・落丁はお取り替えいたします。（禁無断転載）
Printed in Japan
ISBN978-4-86371-352-9